文系教師のための 理科授業ワークシート

6年生の全授業

全単元・全時間を収録!

ワークの記入例に沿って指示を与えれば**即授業が成立!**

福井広和・國眼厚志・高田昌慶 著

はじめに

　小学校の先生の8割以上は文系であり，理科に苦手意識をもっていると言われています。これは仕方のないことなのですが，先生が自信なさそうに授業をしたのでは，子どもたちも理科が嫌いになってしまいます。それでは困ります。そこで理科の苦手な先生をサポートしようと企画したのが『文系教師のための』シリーズです。おかげさまで『理科授業note』に始まる本シリーズはたくさんの先生方に読んでいただき，「理科授業に自信が持てるようになった」といったうれしいお便りをたくさん頂いております。

　今回は「すぐ使えるワークシート」をコンセプトに著しましたが，これまで同様，理科の得意な人にしかできないようなマニアックな技術ではなく，誰がやっても効果の上がる確かな実践やコツをまとめてみました。小学校の先生は基本的に空き時間がほとんどなく，図工・体育・音楽・書写…と準備・片付けの必要な科目ばかりで，短い休み時間もバタバタと走り回っているのが現状なのではないでしょうか。本書は，そんな忙しい先生方を想定して作っています。

　じっくりと読み深める余裕がなくても，理科室に行ってパッと本書を開いてください。授業の大まかな流れもワークシートの記入例も載っています。1分間だけ斜め読みして，すぐ授業‼　教科書と本書を教卓に並べて広げたまま授業をしてください。ワークシートを配り，記入例のようになるよう児童に指示を与えていけば，気がつけば理科の授業が成立しているはずです。

　「ベテラン教師のワザをどの先生にも！」が我々執筆者の合言葉です。時間があればワークシート例の横に配置した「指導のポイント」もお読みください。

　理科嫌いが問題だと言われて久しいですが，子どもたちは決して理科嫌いではありません。何が問題なのかを意識させ，自分なりの予想を立てて友達と意見をぶつけ合い，最後は実験ではっきりさせる。そんな基本的な学びの場を保障してあげることができれば，子どもたちは理科好きになるのです。先生自身が授業に自信をもち，理科を好きになってくれることを願ってやみません。

福井　広和・國眼　厚志・高田　昌慶

この本の使い方

本文をサッと読んでワークをコピーしたら，すぐ授業ができます！

本書は授業の準備に時間をかけず，パッと見て，すぐ授業できることを目指しました。しかし理科ですから準備は必要ですし，安全への配慮をお願いしたいこともきちんと記しています。

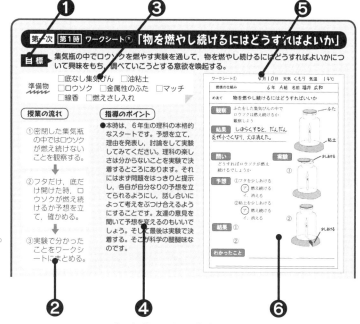

❶ **本時の目標**

1単元の中で「育成する資質・能力」を網羅できるよう設定しています。

❷ **授業の流れ**

大まかな授業の進め方の例です。ワークシートをどこで使うのが有効か示しています。

❸ **準備物**

教師および児童の準備物です。チェックボックスに☑を入れて準備してください。

❹ **指導のポイント**

安全面の留意点，実験・観察のコツ，ベテランの知恵袋，学習内容に関連した科学のうんちく…等のひとくちコメントを書いています。時間があれば，ぜひ読んでください。

❺ **時期・天気・気温**

岡山県岡山市の天気・気温を例示しています。理科の授業は天気に左右されます。それぞれの地域の実態にあわせて単元計画を立てる時の参考にしてください。

❻ **ワークシート記入例**

典型的な児童の記入例を載せています。これはあくまで参考であり，こうなるように指導しなければいけないというものではありません。児童が自分の頭で考えて書いたものが1番です。

ワークシートの保存・活用

毎時間に書いたワークシートはクリアファイルなどに保存します。そして単元の終わりに取り出して並べ，振り返りをします。そうすることで単元全体を概観し，学習の意味づけをすることができます。特に生物単元は長期間にわたって他の単元と並行して進めるのでポートフォリオ型の保存・活用・評価法が有効です。

目次

はじめに…002
この本の使い方…003
6年生理科の特徴…008

1 燃焼の仕組み…10

		解説とワークシートの解答	ワークシート
第一次	物を燃やすには何が必要か		
第1時	物を燃やし続けるにはどうすればよいか…①	11	16
第2時	燃え続ける秘密・空気の正体…②	11	17
第3時	空気の正体・水上置換の仕方を知る…③	12	18
第4時	ちっ素や二酸化炭素の中で燃やしてみる…④	12	19
第5時	酸素の中で燃やしてみる…⑤	13	20
第二次	物が燃えると空気はどうなるのか		
第1時	物が燃えると酸素はどうなるのか…⑥	13	21
第2時	物が燃えると二酸化炭素はどうなるのか…⑦	14	22
第3時	鉄を燃やすと空気はどうなるのか…⑧	14	23
ポイント解説			15

2 人の体のつくりと働き…24

		解説とワークシートの解答	ワークシート
第一次	生命維持に必要な活動		
第1時	体内に取り入れているもの…①	25	30
第二次	食べ物の消化と吸収		
第1時	食べ物の消化…②	25	31
第2時	食べ物の消化と吸収…③	26	32
第三次	呼吸		
第1時	吸う息と吐く息の違い1…④	26	33
第2時	吸う息と吐く息の違い2…⑤	27	34
第四次	心臓と血液		
第1時	心臓のつくりと働き…⑥	27	35
第2時	心臓と血液の働き…⑦	28	36
第五次	臓器のつながり		
第1時	血液の循環…⑧	28	37
ポイント解説			29

3 植物の養分と水の通り道…38

		解説とワークシートの解答	ワークシート
第一次	植物と水		
第1時	植物に取り入れられる水1…①	39	44
第2時	植物に取り入れられる水2…②	39	45
第3時	植物の体から出る水1…③	40	46
第4時	植物の体から出る水2…④	40	47
第5時	気孔の観察…⑤	41	48
第二次	植物と空気		
第1時	植物と空気にはどのような関係があるか…⑥	41	49
第三次	植物と養分		
第1時	植物は日光が当たると自分で養分をつくるのか1…⑦	42	50
第2時	植物は日光が当たると自分で養分をつくるのか2…⑧	42	51
ポイント解説			43

4 生物と環境…52

		解説とワークシートの解答	ワークシート
第一次	食べ物を通した生物のつながり		
第1時	私たちの食べ物とは何か…①	53	58
第2時	生物は養分を得る上で他の生物とどのように関わっているのか…②	53	59
第二次	空気を通した生物のつながり		
第1時	生物は空気を通してどのように関わっているのか…③	54	60
第三次	生物と自然環境		
第1時	生物が生きていくために必要なものは何か…④	54	61
第四次	私たちの暮らしと環境		
第1時	水との関わり…⑤	55	62
第2時	空気との関わり…⑥	55	63
第3時	食べ物との関わり…⑦	56	64
第4時	奇跡の星・地球を守る…⑧	56	65
ポイント解説			57

5 月と太陽…66

		解説とワークシートの解答	ワークシート
第一次	太陽と惑星		
第1時	自ら光っている星…①	67	70
第二次	いろいろな月の形		
第1時	月の形の見え方…②	67	71
第2時	月と太陽の位置関係…③	68	72
第三次	月と太陽		
第1時	月と太陽の特徴…④	68	73
ポイント解説			69

6 土地のつくりと変化…74

		解説とワークシートの解答	ワークシート
第一次	大地はどのようにできているのか		
第1時	地面の下について想像する…①	75	79
第2時	地層の広がり方を調べる…②	75	80
第3時	れき・砂・どろを分けてみる…③	76	81
第4時	地層の粒を観察する…④	76	82
第二次	地層ができる仕組みを調べる		
第1時	水のはたらきで地層をつくる…⑤	77	83
第2時	火山でできた地層を調べる…⑥	77	84
第三次	大地の変化を調べてまとめる		
第1時	大地の変化を調べてまとめる…⑦	78	85
ポイント解説			78

7 てこの規則性…86

		解説とワークシートの解答	ワークシート
第一次	棒を使って重い物を持ち上げる		
第1時	小さい力で持ち上げるにはどうすればいいか…①	87	91
第2時	手ごたえで調べる…②	87	92
第3時	「実験用てこ」できまりを調べる…③	88	93
第4時	つりあいを計算して確かめる…④	88	94
第二次	てこを使った道具		
第1時	てこを使った道具を調べる…⑤	89	95
第2時	輪じくについて考える…⑥	89	96
第3時	てんびんを作って重さをはかろう…⑦	90	97
ポイント解説			90

8 水溶液の性質…98

	解説とワークシートの解答	ワークシート
第一次　水溶液のなかま分けをする		
第1時　なかま分けの方法を考える…①	99	104
第2時　水溶液を蒸発させて調べる…②	99	105
第3時　水溶液から気体を取りだす…③	100	106
第4時　気体の正体を調べる…④	100	107
第5時　リトマス紙でなかま分けする…⑤	101	108
第二次　水溶液のはたらきを調べる		
第1時　酸性やアルカリ性の水溶液のはたらきを調べる…⑥	101	109
第2時　スーパー液のはたらきを調べる…⑦	102	110
第3時　水溶液にとけた金属はどうなったか調べる…⑧	102	111
ポイント解説		103

9 電気の利用…112

	解説とワークシートの解答	ワークシート
第一次　電気をつくる		
第1時　電気をつくる仕組み1…①	113	118
第2時　電気をつくる仕組み2…②	113	119
第3時　電気をつくる仕組み3…③	114	120
第4時　手回し発電機の仕組み…④	114	121
第二次　電気を蓄える		
第1時　電池とコンデンサー…⑤	115	122
第2時　コンデンサーの特徴…⑥	115	123
第3時　発光ダイオードの特徴…⑦	116	124
第三次　電流による発熱		
第1時　電熱線の発熱…⑧	116	125
第四次　電気の利用		
第1時　電気を利用したもの…⑨	117	126
第五次　プログラミング学習		
第1時　プログラムの基本を学ぼう…⑩	117	127

6年生理科の特徴

1 「多面的」に考える

新学習指導要領では育成を目指す資質・能力として次の三つの柱が示されています。
ア．生きて働く「知識・技能」の習得
イ．未知の状況にも対応できる「思考力・判断力・表現力等」の育成
ウ．学びを人生や社会に生かそうとする「学びに向かう力・人間性等」の涵養

これを実現するのが「主体的・対話的で深い学び」であり，「見方・考え方」を働かせることが重要になると述べられています。

理科における「見方」は4つの領域で次のように特徴づけられています。
　　　エネルギー領域：主として量的・関係的な視点
　　　　　粒子領域：主として質的・実体的な視点
　　　　　生命領域：主として共通性・多様性の視点
　　　　　地球領域：主として時間的・空間的な視点
問題解決の過程における「考え方」は次のように整理されています。
　　　　　　比較：複数の事物・現象を対応させ比べる方法
　　　　　関係付け：因果関係など，事物・現象を結び付けて考える方法
　　　　　条件制御：調べる要因と統一する要因とを区別して調べる方法
　　　　　多面的思考：自然の事物・現象を複数の側面から考える方法

4つの考え方はいずれの学年においても育成していきますが，特に6年生では自然の事物現象を「多面的」に捉えさせることを意識して指導します。特に「生物と環境」の単元では，3年生の「身の回りの生物」，4年生の「季節と生物」「人の体のつくりと運動」，5年生の「植物の発芽，成長，結実」「動物の誕生」などの既習事項をもとに自然界のありとあらゆるものが繋がっているのだというイメージを膨らませていきます。

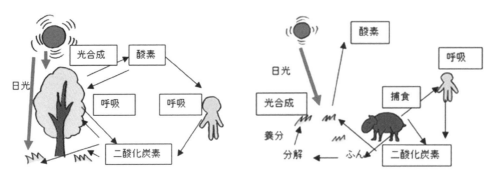

2 推論が可能になる

6年生はピアジェの認知発達段階説では，具体的操作期から形式的操作期への移行期にあたり，論理的な思考に加えて，抽象的な思考もできるようになります。いくつかの事象を手がかりにして仮説を立てたり考察したりする高度な思考力が育つ時期です。

たとえば，地面の下の様子や大昔の大地の成り立ちなど実際には見ることができない事象もモデル実験をしたりイメージ図に表したりすることで推論し，人に理解できるよう論拠をもって伝えることが可能になります。

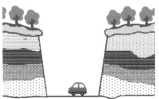
切り通しを観察した

ボーリング試料を見比べた

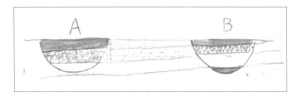
地層は広がっているのかな

3 プログラム的思考を学ぶ

理科におけるトピックスの一つが「プログラミングを体験しながら論理的思考力を身に付けるための学習活動」です。新学習指導要領では第6学年「電気の利用」で扱うよう例示されています。まず，光電池や手回し発電機などで電気を作る。次に，コンデンサや蓄電池に電気を貯める。そして，電気を光や音，熱，運動などに変換して使うわけですが，現代の私たちの身の周りの生活において，電気をコントロールせずにそのまま使うことはまずありません。多くの電気製品は，エネルギー資源の有効利用という観点から，目的に合わせてセンサーを用い，制御するように作られています。

暗くなったら電灯を点ける。明るくなったら消す。これを人の手ではなくコンピュータやセンサーを活用し，与えた条件に応じて処理を行い，動作させる方法を体験させます。ここで大切なのはプログラミングの技能向上ではなく，一連の活動を通して身近な生活にコンピュータが活用されていることや問題の解決には必要な手順があることなどに気付かせることです。そこで本書ではコンピュータを使わない「アンプラグドプログラミング」を紹介します。

1 燃焼の仕組み

子ども達は大きな音が出たり，ピカピカと輝いたり，ボンッと爆発したりする実験が大好きです。この「燃焼の仕組み」の単元は，スチールウール(鉄)が激しく燃えたり，気体検知管や石灰水などの新しいアイテムを使って物の性質を探求したりする楽しい学習です。6年生の最初にこの燃焼の単元をやることは，これから始まる理科学習を期待で満ちたものにしてくれます。エネルギー領域は，問題→予想→討論→実験→結果→考察という典型的な探究の過程で進めやすい分野です。ただ実験をするだけではなく，自分なりの予想をもち友達と意見をたたかわせることで実験に対する期待感が大きくなります。

育成する資質・能力

【知識及び技能】
　物が燃えるときには，空気中の酸素が使われて二酸化炭素ができることを理解する。

【思考力，判断力，表現力等】
　燃焼の仕組みについて追究する中で，物が燃えたときの空気の変化について，より妥当な考えをつくりだし，表現する。

【学びに向かう力，人間性等】
　物の燃え方を多面的に調べる活動を通して，より妥当な考えをつくりだす力や主体的に問題解決しようとする態度を育成する。

単元の構成　※丸付数字はワークシートの番号

第一次　物を燃やすには何が必要か
　第1時　物を燃やし続けるにはどうすればよいか…①
　第2時　燃え続ける秘密・空気の正体…②
　第3時　空気の正体・水上置換の仕方を知る…③
　第4時　ちっ素や二酸化炭素の中で燃やしてみる…④
　第5時　酸素の中で燃やしてみる…⑤

第二次　物が燃えると空気はどうなるのか
　第1時　物が燃えると酸素はどうなるのか…⑥
　第2時　物が燃えると二酸化炭素はどうなるのか…⑦
　第3時　鉄を燃やすと空気はどうなるのか…⑧

解説とワークシートの解答

第一次 第1時 ワークシート① 「物を燃やし続けるにはどうすればよいか」

目標 集気瓶の中でロウソクを燃やす実験を通して、物を燃やし続けるにはどうすればよいかについて興味をもち、調べていこうとする意欲を喚起する。

準備物
- □底なし集気びん □油粘土
- □ロウソク □金属性のふた □マッチ
- □線香 □燃えさし入れ

授業の流れ

①密閉した集気瓶の中ではロウソクが燃え続けないことを観察する。

↓

②フタだけ、底だけ開けた時、ロウソクが燃え続けるか予想を立て、確かめる。

↓

③実験で分かったことをワークシートにまとめる。

指導のポイント

● 本時は、6年生の理科の本格的なスタートです。予想を立て、理由を発表し、討論をして実験してみてください。理科の楽しさは分からないことを実験で決着するところにあります。それにはまず問題をはっきりと提示し、各自が自分なりの予想を立てられるようにし、話し合いによって考えをぶつけ合えるようにすることです。友達の意見を聞いて予想を変えるのもいいでしょう。そして最後は実験で決着する。そこが科学の醍醐味なのです。

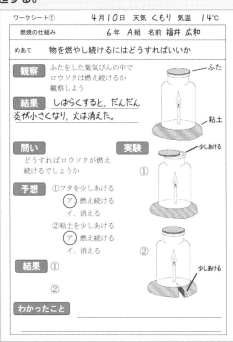

ワークシート① 4月10日 天気 くもり 気温 14℃
燃焼の仕組み 6年 A組 名前 福井 広和
めあて 物を燃やし続けるにはどうすればいいか

観察 ふたをした集気びんの中でロウソクは燃え続けるか観察しよう

結果 しばらくすると、だんだん炎が小さくなり、火は消えた。

問い どうすればロウソクが燃え続けるでしょうか

実験

予想
①フタを少しあける
 (ア) 燃え続ける
 イ. 消える
②粘土を少しあける
 (ア) 燃え続ける
 イ. 消える

結果 ①
②

わかったこと

第一次 第2時 ワークシート② 「燃え続ける秘密・空気の正体」

目標 集気瓶のフタと底に隙間をあけて燃え続けるロウソクについて、線香の煙の動きから空気の流れに気付き、空気の物を燃やす働きについて推察できるようにする。

準備物
- □底なし集気びん □油粘土
- □ロウソク □金属性のふた
- □マッチ □線香 □燃えさし入れ

授業の流れ

①フタと底の両方を開けるとロウソクは燃え続けるか予想を立て、確かめる。

↓

②線香の煙を使って燃え続ける時の空気の流れを観察する。

↓

③物を燃やし続けるには新鮮な空気が必要であることをワークシートにまとめる。

指導のポイント

● 自分の予想を立てたら挙手してもらい、一人一人目を見ながら人数を数え、それぞれの選択肢の後ろに「正の字」で人数を書き入れます。そうすると、自分が当然だと思っている考えを友達がどう考えているのか知ることができ、実験で明らかにしたいという気持ちが強くなります。

● ふたや底を開ける実験は、すきまをできるだけ小さく開けることがコツです。大きく開けてしまうと同じすきまから空気が出入りしてしまい、ずっと燃え続けてしまいます。

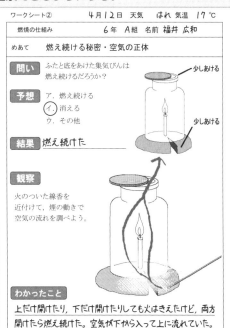

ワークシート② 4月12日 天気 はれ 気温 17℃
燃焼の仕組み 6年 A組 名前 福井 広和
めあて 燃え続ける秘密・空気の正体

問い ふたと底をあけた集気びんは燃え続けるだろうか？

予想
ア. 燃え続ける
(イ) 消える
ウ. その他

結果 燃え続けた

観察 火のついた線香を近付けて、煙の動きで空気の流れを調べよう。

わかったこと
上だけ開けたり、下だけ開けたりしても火はきえたけど、両方開けたら燃え続けた。空気が下から入って上に流れていた。

1 燃焼の仕組み

解説とワークシートの解答

第一次 第3時 ワークシート③「空気の正体・水上置換の仕方を知る」

目標 ▶ 空気の成分とその比率について知るとともに，水上置換で気体を集める技能を身につける。

準備物
- □集気びん，□水槽，□金属性のふた
- □実験用気体

授業の流れ

①空気中の窒素，酸素，二酸化炭素の比率について知る。

②水上置換で気体を集める方法についてワークシートで知る。

③水上置換法を練習し，技能を定着する。

指導のポイント

- 窒素と酸素を足すと99％。残り1％の内二酸化炭素はわずか0.03％。残りはアルゴンという小学校では習わない気体です。アルゴンは不活性ガスという燃えない気体で白熱電球の中に入っていてフィラメントが燃えないようにしています。
- 水上置換という気体を集める方法は，ビンの中を水で満たし，気体がたまっていく様子が一目瞭然。当たり前といえば当たり前なことですが，まさにコロンブスの玉子。このすばらしいアイディアをいかに感動的に伝えるかが教師の腕の見せ所です。

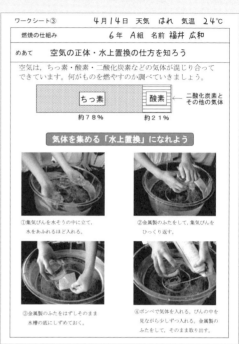

第一次 第4時 ワークシート④「ちっ素や二酸化炭素の中で燃やしてみる」

目標 ▶ チッ素や二酸化炭素の中でロウソクを燃やす活動を通して，チッ素や二酸化炭素には物を燃やす働きがないことに気付くことができるようにする。

準備物
- □集気びん □針金 □短いロウソク
- □金属性のふた □水槽 □マッチ
- □燃えさし入れ
- □実験用気体（窒素，二酸化炭素）

授業の流れ

①窒素100％中で物が燃え続けるか予想を立て，確かめる。

②二酸化炭素100％中で物が燃え続けるか予想を立て，確かめる。

③窒素や二酸化炭素の中では物が燃えないことをワークシートにまとめる。

指導のポイント

- 集気瓶のふたをさっと開けてロウソクをつけた針金を入れて再びふたをする。それだけのことですが，初めてする児童にとっては難しいものです。水上置換で気体を入れる前に，何度も練習しておくと本番であせらなくてよいです。
- 本時は物が燃えないという児童にとっては地味な実験なので，まず窒素は，やり方の説明を兼ねて先生が代表でやってみせ，二酸化炭素を児童にやらせてもいいです。

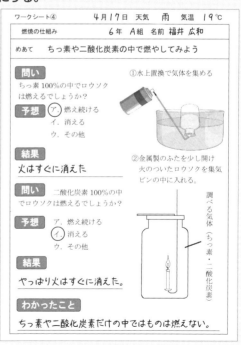

解説とワークシートの解答

第一次 第5時 ワークシート⑤ 「酸素の中で燃やしてみる」

目標 酸素の中でロウソクやスチールウールを燃やす活動を通して、酸素に物を燃やす働きがあることに気付くことができるようにする。

準備物
- □集気びん □針金 □短いロウソク
- □金属性のふた □水槽 □マッチ
- □燃えさし入れ □実験用気体(酸素)
- □わりばし □紙 □スチールウール □線香

授業の流れ
① 酸素100%の中でロウソクが燃え続けるか予想を立て、確かめる。
↓
② 酸素100%の中でスチールウールなどいろいろな物を燃やしてみる。
↓
③ 酸素の中では物が激しく燃えることをワークシートにまとめる。

指導のポイント
- 小学校の理科で1番美しく、衝撃的な実験です。酸素100%の中でまぶしく輝きながら燃えるろうそくの光は一生忘れることができません。この実験で理科が好きになった子がどれほどいるか!
- 酸素の中でロウソクを燃やすと、あっという間にとけてなくなります。100円ショップなどで売っている1cm位の「豆ロウソク」を使うといいです。

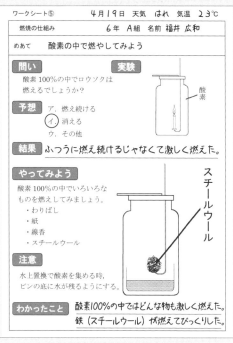

第二次 第1時 ワークシート⑥ 「物が燃えると酸素はどうなるのか」

目標 ロウソクが燃えた後の気体を調べる活動を通して、燃焼に使われる酸素の割合を知るとともに、気体検知管の使い方に慣れるようにする。

準備物
- □集気びん □針金 □短いロウソク
- □金属性のふた □マッチ □燃えさし入れ
- □気体採取器 □気体検知管(酸素)

授業の流れ
① 気体検知管の使い方についてワークシートで知る。
↓
② ロウソクが燃えた後の酸素の割合について予想を立て、気体検知管で調べる。
↓
③ 燃焼に使われた酸素の割合についてワークシートにまとめる。

指導のポイント
- 子どもたちの多くは、閉じられた集気瓶の中でロウソクを燃やして自然に消えたら、酸素がなくなったのだと考えます。これは第1時の底なし集気瓶を使った実験で「ものを燃やし続けるには空気を入れ換えなければいけない」という学習のイメージが強いからです。しかし、実際には4%ほどの酸素を使っただけで火は消えてしまいます。これは後で学習する人間の吐いた息の中の酸素濃度と同じなので、とても驚きです。

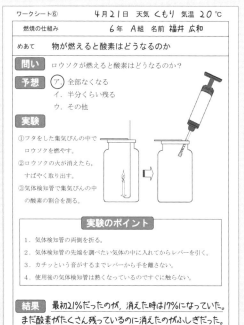

013

1 燃焼の仕組み

解説とワークシートの解答

第二次 第2時 ワークシート⑦「物が燃えると二酸化炭素はどうなるのか」

目標 ロウソクが燃えた後の気体を調べる活動を通して，燃焼で発生した二酸化炭素の割合を知るとともに，石灰水で二酸化炭素の有無を調べる方法に慣れる。

準備物
- □集気びん □針金 □短いロウソク
- □金属性のふた □燃えさし入れ
- □気体採取器 □気体検知管（二酸化炭素）
- □マッチ

授業の流れ

① ロウソクが燃えた後の二酸化炭素の割合について予想を立て，調べる。
↓
② 石灰水の使い方をワークシートで知る。
↓
③ 石灰水を使って，植物体が燃えた後に発生する二酸化炭素を検知する。

指導のポイント

● 前半は気体検知器を用いて燃焼の前後の二酸化炭素濃度の変化を調べます。二酸化炭素検知管には2種類あり大気には二酸化炭素がわずか0.03％しかないので0.03～1％のものを使います。しかし，燃焼後に測定すると1％の目盛りを超えてしまいます。そこで今度は0.5～8％まで測れる検知管を出して再び測定します。このように数値に合わせてレンジを変えるのは電流計と同じ測定の技能として大切なことです。
● 石灰水は大きなボトルに消石灰と水を入れてまぜ1日経った上ずみ液をその日にくんで使います。

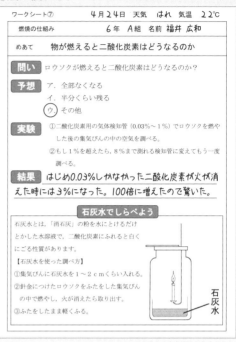

ワークシート⑦　4月24日 天気 はれ 気温 22℃
燃焼の仕組み　6年 A組 名前 福井 広和

めあて 物が燃えるとニ酸化炭素はどうなるのか

問い ロウソクが燃えると二酸化炭素はどうなるのか？

予想
ア．全部なくなる
イ．半分くらい残る
⑦．その他

実験
① 二酸化炭素用の気体検知管（0.03％～1％）でロウソクを燃やした後の集気びんの中の空気を調べる。
② もし1％を超えたら，8％まで測れる検知管に変えてもう一度調べる。

結果 はじめ0.03％しかなかった二酸化炭素が火が消えた時には3％になった。100倍に増えたので驚いた。

石灰水でしらべよう

石灰水とは，「消石灰」の粉を水にとけるだけとかした水溶液で，二酸化炭素にふれると白くにごる性質があります。
【石灰水を使った調べ方】
① 集気びんに石灰水を1～2cmくらい入れる。
② 針金につけたロウソクをふたをした集気びんの中で燃やし，火が消えたら取り出す。
③ ふたをしたまま軽くふる。

石灰水

第二次 第3時 ワークシート⑧「鉄を燃やすと空気はどうなるのか」

目標 鉄を燃やす時に酸素が使われるが，植物体ではないので二酸化炭素は発生しないことを実験を通して気付くことができるようにする。

準備物
- □集気びん □針金 □スチールウール
- □金属性のふた □燃えさし入れ
- □気体採取器 □気体検知管（酸素・二酸化炭素） □マッチ

授業の流れ

① 鉄が燃えた後の酸素の割合について予想を立て，調べる。
↓
② 鉄が燃えた後の二酸化炭素の割合について予想を立て，調べる。
↓
③ 金属が燃えた後の気体の割合についてワークシートにまとめる。

指導のポイント

● 酸素中で鉄を燃やすと，まぶしい光を出して激しく燃えます。しかし，植物を原料にした割り箸や紙，ガーゼなどとは違い二酸化炭素は発生しません。これは植物の体にはセルロースなど炭素が多く含まれていますが鉄には炭素が含まれていないからです。炭素原子という材料がなければ二酸化炭素は作れないのです。
● 鉄を燃やすと鉄原子に酸素原子がプラスされるので，質量は重くなります。

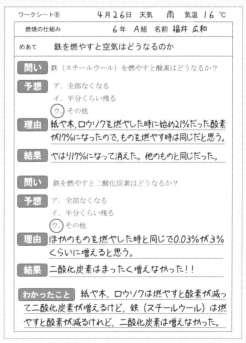

ワークシート⑧　4月26日 天気 雨 気温 16℃
燃焼の仕組み　6年 A組 名前 福井 広和

めあて 鉄を燃やすと空気はどうなるのか

問い 鉄（スチールウール）を燃やすと酸素はどうなるか？

予想
ア．全部なくなる
イ．半分くらい残る
⑦．その他

理由 紙や木，ロウソクを燃やした時に始め21％だった酸素が17％になったので，ものを燃やす時は同じだと思う。

結果 やはり17％になって消えた。他のものと同じだった。

問い 鉄を燃やすと二酸化炭素はどうなるか？

予想
ア．全部なくなる
イ．半分くらい残る
⑦．その他

理由 ほかのものを燃やした時と同じで0.03％が3％くらいに増えると思う。

結果 二酸化炭素はまったく増えなかった！！

わかったこと 紙や木，ロウソクは燃やすと酸素が減って二酸化炭素が増えるけど，鉄（スチールウール）は燃やすと酸素が減るけど，二酸化炭素は増えなかった。

ポイント解説

「燃焼の仕組み」導入の別法

本書では，単元の導入に「底なし集気びん」を用いた実験を紹介しています。物を燃やすには新鮮な空気（酸素）を供給する必要があることに気付かせるための実験です。これをより日常の生活場面に即した方法に代えて，理科の有用感を感じさせる実験を紹介します。

缶の中で割り箸を燃やそう！

上のふたを缶切りで開けた空き缶を2つ用意します。ひとつには2つ折りにした割り箸をギュウギュウ詰めにし，もう片方には4，5本の割り箸を入れます。どちらがよく燃えるのか予想を立てさせ実験します。4，5本入りの缶はすぐにメラメラと炎を上げますが，ぎっしり割り箸の入った缶はなかなか火がつきません。やっとついたと思っても，すぐに消えてしまいます。火が消えて冷たくなるのを待って中身を取り出します。缶にぎっしり詰めた割り箸は缶からはみ出たところだけが焦げており，4，5本入りの割り箸は下の方が3cmほど燃え残っています。

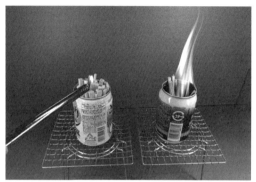

原因を考えて改善しよう

理科の目的の一つは問題解決の力を育成することです。具体的にはPDCAサイクルなどの問題解決の過程を体験させることで日常で生じる種々の問題を解決する為の知恵を身につけさせます。

今回の実験では児童は次のような改善策を考えました。
- 一度にたくさんの割り箸を詰め込まず，少しずつ燃やす。
- 缶の下の方まで空気が行くように，上から風を送る。
- 缶の下の方に空気穴をあける。

ワークシート①　　　　　月　　日　天気　　　　気温　　　℃

| 燃焼の仕組み | 年　組　名前 |

めあて　物を燃やし続けるにはどうすればいいか

観察　ふたをした集気びんの中でロウソクは燃え続けるか観察しよう

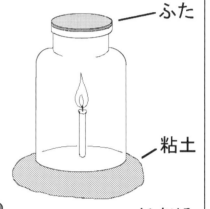

結果　_____

_____

問い　どうすればロウソクが燃え続けるでしょうか

実験

予想
①フタを少しあける
　ア．燃え続ける
　イ．消える
②粘土を少しあける
　ア．燃え続ける
　イ．消える

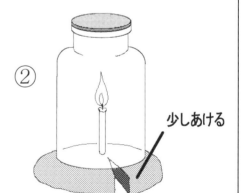

結果　①

②

わかったこと　_____

_____

ワークシート②	月　日　天気　　　気温　　　℃
燃焼の仕組み	年　組　名前

めあて　燃え続ける秘密・空気の正体

問い　ふたと底をあけた集気びんは燃え続けるだろうか？

少しあける
少しあける

予想
- ア．燃え続ける
- イ．消える
- ウ．その他

結果　_____

観察

火のついた線香を
近付けて，煙の動きで
空気の流れを調べよう。

わかったこと

_____
_____

ワークシート③	月　日　天気　　　気温　　　℃
燃焼の仕組み	年　組　名前
めあて	空気の正体・水上置換の仕方を知ろう

空気は，ちっ素・酸素・二酸化炭素などの気体が混じり合ってできています。何がものを燃やすのか調べていきましょう。

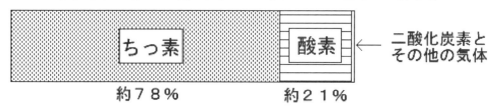

気体を集める「水上置換」になれよう

①集気びんを水そうの中に立て，水をあふれるほど入れる。

②金属製のふたをして，集気びんをひっくり返す。

③金属製のふたをはずしそのまま水槽の底にしずめておく。

④ボンベで気体を入れる。びんの中を見ながら少しずつ入れる。金属製のふたをして，そのまま取り出す。

ワークシート④	月　日　天気　　　　気温　　　℃
燃焼の仕組み	年　組　名前

めあて　ちっ素や二酸化炭素の中で燃やしてみよう

問い
ちっ素100％の中でロウソクは燃えるでしょうか？

予想
ア．燃え続ける
イ．消える
ウ．その他

結果

問い　二酸化炭素100％の中でロウソクは燃えるでしょうか？

予想
ア．燃え続ける
イ．消える
ウ．その他

結果

わかったこと

①水上置換で気体を集める

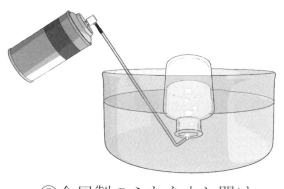

②金属製のふたを少し開け火のついたロウソクを集気ビンの中に入れる。

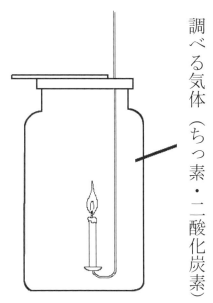

調べる気体（ちっ素・二酸化炭素）

ワークシート⑤　　　　　月　　日　天気　　　　気温　　　℃

燃焼の仕組み　　　　　　年　　組　名前

めあて　**酸素の中で燃やしてみよう**

問い
酸素100%の中でロウソクは燃えるでしょうか？

実験

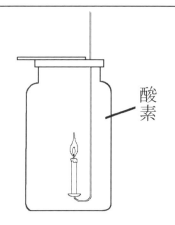

予想
ア．燃え続ける
イ．消える
ウ．その他

結果

やってみよう
酸素100%の中でいろいろなものを燃えしてみましょう。
・わりばし
・紙
・線香
・スチールウール

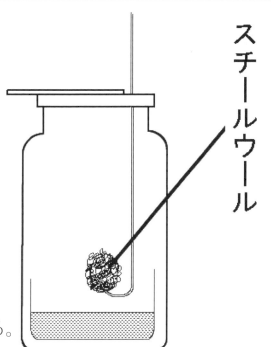

注意
水上置換で酸素を集める時，ビンの底に水が残るようにする。

わかったこと

ワークシート⑥   月   日 天気   気温   ℃

燃焼の仕組み   年   組 名前

めあて 物が燃えると酸素はどうなるのか

問い ロウソクが燃えると酸素はどうなるのか？

予想
- ア．全部なくなる
- イ．半分くらい残る
- ウ．その他

実験

① フタをした集気びんの中でロウソクを燃やす。
② ロウソクの火が消えたら、すばやく取り出す。
③ 気体検知管で集気びんの中の酸素の割合を測る。

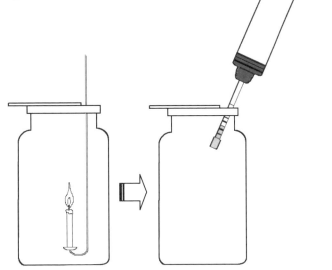

実験のポイント

1. 気体検知管の両側を折る。
2. 気体検知管の先端を調べたい気体の中に入れてからレバーを引く。
3. カチッという音がするまでレバーから手を離さない。
4. 使用後の気体検知管は熱くなっているのですぐに触らない。

結果

ワークシート⑦　　　　　　月　　日　天気　　　　気温　　　℃

燃焼の仕組み　　　　　　　　年　　組　名前

めあて　　物が燃えると二酸化炭素はどうなるのか

問い　ロウソクが燃えると二酸化炭素はどうなるのか？

予想
ア．全部なくなる
イ．半分くらい残る
ウ．その他

実験
①二酸化炭素用の気体検知管（0.03％～1％）でロウソクを燃やした後の集気びんの中の空気を調べる。
②もし1％を超えたら，8％まで測れる検知管に変えてもう一度調べる。

結果

石灰水でしらべよう

石灰水とは，「消石灰」の粉を水にとけるだけとかした水溶液で，二酸化炭素にふれると白くにごる性質があります。

【石灰水を使った調べ方】
①集気びんに石灰水を1～2ｃｍくらい入れる。
②針金につけたロウソクをふたをした集気びんの中で燃やし，火が消えたら取り出す。
③ふたをしたまま軽くふる。

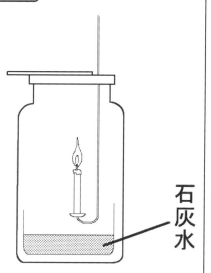
石灰水

ワークシート⑧	月　日　天気　　　気温　　　℃
燃焼の仕組み	年　　組　名前

めあて　鉄を燃やすと空気はどうなるのか

問い　鉄（スチールウール）を燃やすと酸素はどうなるか？

予想
- ア．全部なくなる
- イ．半分くらい残る
- ウ．その他

理由 _____
_____

結果 _____

問い　鉄を燃やすと二酸化炭素はどうなるか？

予想
- ア．全部なくなる
- イ．半分くらい残る
- ウ．その他

理由 _____
_____

結果 _____

わかったこと _____
_____
_____

2 人の体のつくりと働き

食べる・飲む・排泄する・呼吸するという行為は，あまり意識して行われていません。そこで，体内のどのような器官や仕組みのお陰で生命が維持できているか，興味・関心をもたせることからスタートします。消化管の形状や働き，消化液による消化や小腸などでの吸収，呼吸によるガス交換と心臓による血液循環，どれも子どもにとってはピンとこないので，工夫が必要です。学びや気づきによって，普段気にもとめない体の各部分が，互いに深く関わり合って働いているのだという考えをもつようになっていくでしょう。

育成する資質・能力

【知識及び技能】

人や他の動物の体内では，生命を維持するために，様々な臓器によって呼吸，消化，排出，循環等がおこなわれていることを理解する。

【思考力，判断力，表現力等】

人や他の動物の体のつくりと働きについて追究する中で，体のつくりと呼吸，消化，排出及び循環の働きについて，より妥当な考えをつくりだし，表現する。

【学びに向かう力，人間性等】

より妥当な考えをつくりだす力や生命を尊重する態度，主体的に問題解決しようとする態度を育成する。

単元の構成　　※丸付数字はワークシートの番号

第一次　生命維持に必要な活動
　第1時　体内に取り入れているもの…①

第二次　食べ物の消化と吸収
　第1時　食べ物の消化…②
　第2時　食べ物の消化と吸収…③

第三次　呼吸
　第1時　吸う息と吐く息の違い1…④
　第2時　吸う息と吐く息の違い2…⑤

第四次　心臓と血液
　第1時　心臓のつくりと働き…⑥
　第2時　心臓と血液の働き…⑦

第五次　臓器のつながり
　第1時　血液の循環…⑧

解説とワークシートの解答

第一次 第1時 ワークシート① 「体内に取り入れているもの」

目標 食べたり飲んだりしなければ体がどうなるのか具体的に考え，生命を維持している体の仕組みについて調べようとする。

準備物
- □飲食をイメージできる画像
- □ストップウォッチ

授業の流れ

①1週間，食べたり飲んだりしなければどうなるか，考えて話し合う。

↓

②3分間，呼吸しないとどうなるか，考えて話し合う。

↓

③毎日食べたり飲んだりしていることの必要性を理解する。

指導のポイント
- ●食べる・飲む・排泄する・呼吸することが生きていくために必要であることを，改めて考えさせます。
- ●「何のために食べるか」と問えば，「お腹がすくから」「死んでしまうから」と言った客観的な予想しか出てこないでしょう。
- ●1週間・3分間という具体的な数値を示すと，自分の体がどうなってしまうのかと真剣に考え，話し合いにも熱が入ります。
- ●改めて必要性を理解させることで，食物がどのようにして生命維持につながっているか，知りたい・調べてみたいという内的欲求を喚起することができると考えます。

ワークシート①　5月 8日　天気 くもり　気温 24℃

人の体のつくりと働き　6年 1組 名前 高田 昌慶

めあて　食べたり飲んだりしなければどうなるか考えよう

 1 1週間，食べたり飲んだりしなければ，どうなるでしょう

 おなかが減りすぎる。死んでしまうと思う。たおれる。病気になる。動けなくなる。ミイラになる。気を失う。やせる。ダイエットできる。がまんできない。1週間なら，なんとかだいじょうぶだと思う。

 2 3分間，呼吸しなければどうなるでしょう

 確実に死ぬと思う。気を失う。海女さんならよゆう。ダイバーの人も。3分は無理でも1分ならOK。3分間も息を止めていられない。

※無理なように　☆何秒間，息を止められるかやってみよう（ 40 ）秒間

ポイント
- ◎生存するための（ 3・3・3 ）の法則
- ○3（ 分間 ），息をしないと，
- ○3（ 日間 ），水を飲まないと，
- ○3（ 週間 ），食べ物を食べないと，
- ●（ 命 ）が失われる，（ 危険 ）な状態になる。

わかったこと 食べたり飲んだり呼吸しなかったら生きていけない。がまんしたとしても，限界がある。

第二次 第1時 ワークシート② 「食べ物の消化」

目標 消化と吸収の関わりや，消化管・消化液の名称と働き，排泄について理解できる。

準備物
- □アニマル風船　□内臓の模型
- □消化モデル　□NHK for school

授業の流れ

①消化とは，吸収とは何かを知る。

↓

②何のために消化するのか理解する。

↓

③モデルを触ったり，動画を視聴したりして，イメージをつかむ。

指導のポイント
- ●まず，「消化管」の用語と「各器官」の位置，「消化」「消化液」「吸収」の用語と意味について理解させます。
- ●「消化管」「消化」「消化液」は混同するので，「消化3兄弟」として，相互の関連と違いをしっかり押さえる必要があります。
- ●その上で，何のために消化するのかを考えさせ，吸収との深い関わりに気づかせます。
- ●子どもは，食べても飲んでも，すぐに養分が吸収されて元気になると思っています。
- ●消化管は1本の長い管で，食べ物は長い時間をかけて送られながら，養分が吸収されることを理解させます。

ワークシート②　5月10日　天気 くもり　気温 22℃

人の体のつくりと働き　6年 1組 名前 高田 昌慶

めあて　食べ物がどのようにして体内に取り入れられるか調べよう

- ◎消化 ＝ 食べ物を，（細かく）したり，（吸収）しやすいものに変えたりすること。
- ◎吸収 ＝ （消化）された（養分）を，体内に（取り入れ）ること。

- ○消化液 ＝ 食べ物を（消化）する，（だ液）や（胃液）などのこと。
- ○消化管 ＝ 食べ物の（通り道）
- ●口→（食道）→（胃）→（小腸）→（大腸）→（こう門）
- ●消化管の覚え歌： 口から入って食道胃，小腸大腸，こう門！
- ○消化された（養分）は，主に（小腸）で（吸収）されて，（血液）に入って，（全身）に運ばれ使われる。
- ○水分は，（小腸）や（大腸）で，吸収される。
- ○（養分）の一部は，（かん臓）に，たくわえられる。
- ○（かん臓）は，たんじゅうを作ったり，（不要なもの）を分解したりする。
- ◎吸収されずに残ったものは，（便）となって（こう門）から体外へ出される。
- ○食べてから，（便）となって体外へ出されるまでは，（ 24 〜 72 ）時間かかる。

2　人の体のつくりと働き　解説とワークシートの解答

第二次 第2時 ワークシート③「食べ物の消化と吸収」

目標　唾液の必要性を理解するとともに、唾液によってでんぷんが別のものに変化することを、実験を通して確かめられる。

準備物　□唾液実験セット

授業の流れ
①唾液が出なかったらどんなことに困るか考えて話し合う。
②でんぷんが唾液によって別のものに変化することを確かめる実験をする。
③分かったことをまとめる。

指導のポイント
- 唾液の大切さを改めて確認させるのは、唾液を出すことに対する抵抗感を、できるだけ弱めさせるためです。
- 咀嚼した米粒の代わりに白がゆを使い、湯を足し、口の中の状態の再現とします。
- ヨウ素液は最初から入れておきます。消化されてでんぷんが別のものに変わることと、青紫色が白色に変化することを対応して、観察・理解させます。
- 各自に口腔用綿棒で唾液を取らせ、5分間撹拌させます。
- 自分の唾液を出し渋る場合があります。唾液量が少ないと変化が鈍いので、結果的に同じことが確認できます。

ワークシート③　5月12日　天気 くもり　気温 24℃
人の体のつくりと働き　6年1組 名前 高田 昌慶
めあて　食べ物の、体内での変化を調べよう

問い　だ液が出ないと、どんなことに困るでしょう

予想　のどがかわくと思う。声が出にくくなると思う。

ポイント　◎だ液が出なかったら困ること。
・食べ物を（消化）しにくい。食べ物を（飲み）こめない。
・のどが（かわく）。（味）が分からない。（しゃべり）にくい。
・（病気）になりやすい。（虫歯）になりやすい。

実験　ア．だ液＋でんぷん＋ヨウ素液　　約40℃＝（体温）
　　　　イ．水＋でんぷん＋ヨウ素液　　　5分間かき混ぜる
※白がゆ＋60℃の湯
ア．だ液ふくむ綿棒　　イ．水ふくむ綿棒

結果　ア．だ液＋でんぷん＝青むらさき色→白色（消化された）
　　　　イ．水＋でんぷん＝青むらさき色→変化なし

わかったこと　だ液の働きで、でんぷんが消化されて、別のものに変化する。養分は、主に小腸のじゅう毛で吸収される。

第三次 第1時 ワークシート④「吸う息と吐く息の違い1」

目標　吸う息と吐く息では、酸素や二酸化炭素の割合が変化していることを、実験を通して理解できる。

準備物　□石灰水　□ビニル袋　□漏斗

授業の流れ
①呼吸すると、二酸化炭素の割合が変化するか、考えて話し合う。
②石灰水で、二酸化炭素の割合の変化を調べる。
③吐いた息では、水蒸気の割合も増えることを確認する。

指導のポイント
- 意識せずに行っている呼吸によって、二酸化炭素や酸素の割合が変化していることは、子ども達にとっては驚きでしょう。
- 二酸化炭素と石灰水との反応は、燃焼実験で既習です。
- 石灰水が口につかないよう、先に息を吹き込ませます。その後、袋の口を少し開け、漏斗の先を差し込んで、石灰水を入れるようにします。
- 吸う息＝空気では、二酸化炭素の割合が0.04％しかないので、石灰水は濁りません。
- 吐く息では、カルピスのように白色になるので、二酸化炭素の割合が、かなり増えていることがイメージできます。

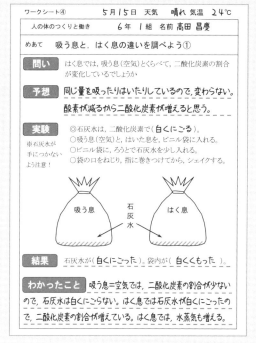

ワークシート④　5月15日　天気 晴れ　気温 24℃
人の体のつくりと働き　6年1組 名前 高田 昌慶
めあて　吸う息と、はく息の違いを調べよう①

問い　はく息では、吸う息（空気）とくらべて、二酸化炭素の割合が変化しているでしょうか

予想　同じ量を吸ったりはいたりしているので、変わらない。酸素が減るから二酸化炭素が増えると思う。

実験　◎石灰水は、二酸化炭素で（白くにごる）。
○吸う息（空気）と、はいた息を、ビニル袋に入れる。
○ビニル袋に、ろうとで石灰水を少し入れる。
○袋の口をねじり、指に巻きつけてから、シェイクする。
※石灰水が手につかないよう注意！

吸う息　石灰水　はく息

結果　石灰水が（白くにごった）。袋内が（白くくもった）。

わかったこと　吸う息＝空気では、二酸化炭素の割合が少ないので、石灰水は白くにごらない。はく息では石灰水が白くにごったので、二酸化炭素の割合が増えている。はく息では、水蒸気も増える。

解説とワークシートの解答

第三次 第2時 ワークシート⑤ 「吸う息と吐く息の違い2」

目標 吸う息と吐く息では，酸素や二酸化炭素の割合が変化していることを，実験を通して理解できる。

準備物
- □気体検知管セット
- □肺胞モデル

 授業の流れ

①気体検知管で，呼吸前後の酸素の割合の変化を調べる。
↓
②気体検知管で，呼吸前後の二酸化炭素の割合の変化を調べる。
↓
③肺で，酸素と二酸化炭素が交換されていることを知る。

 指導のポイント

- 石灰水実験をした上で，気体検知管で具体的な数値を測らせます。そうすることで，呼吸によってガス交換がなされているという認識が確かなものとなります。
- 気体検知管を差し込む向きを間違えないよう指導します。
- 目盛りの読み方で困らないよう，事前に説明しておきます。
- 酸素用気体検知管は，かなり熱くなると知らせておきます。
- 酸素は燃焼同様，全部ではなく一部が体内に取り入れられることを押さえます。
- 気体検知管は経費がかかるので，班ごとに酸素担当，二酸化炭素担当と手分けしてもよいでしょう。

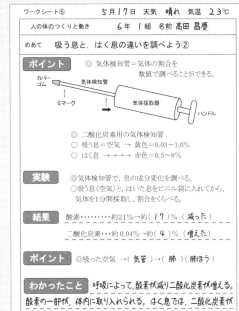

第四次 第1時 ワークシート⑥ 「心臓のつくりと働き」

目標 心臓は絶え間なく動いて，生きていくために必要な酸素と養分を全身に送り出していることを理解できる。

準備物
- □心臓の説明図
- □心音マイク □聴診器
- □ストップウォッチ

 授業の流れ

①拍動の意味と，脈拍の取り方を知る。
↓
②安静時と激しい運動後の，呼吸や脈拍の速さの変化を調べる。
↓
③心臓の働きと，その意味を知る。

 指導のポイント

- 子どもは，心臓の位置が左胸だと思っています。最も大きく動いているのが左心室だからだと教えると，納得してくれます。
- まず手のひらで，心臓の動きが分かるか試させます。
- 聴診器や心音マイクで，心臓の拍動を確認させます。
- 可能なら，耳を直接相手の胸に当てて，心音を聞き合わせます。
- 頸動脈や手首の動脈で，脈を取る練習をさせます。
- 静かに座ってと，その場30秒間ダッシュ後でBPMを測り，違う理由を考え，話し合わせます。

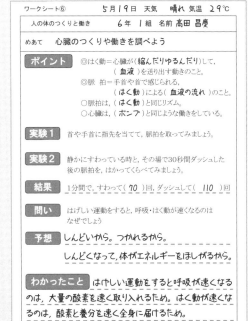

027

2　人の体のつくりと働き

解説とワークシートの解答

第四次 第2時 ワークシート⑦「心臓と血液の働き」

目標 心臓は絶え間なく拍動し，生命維持に必要な養分や酸素を含んだ血液を，全身に送り出していることを理解できる。

準備物
- □ 血液の成分図　□ 血管の説明図
- □ 養分の吸収や，ガス交換の説明図

授業の流れ

① 血液の成分や，血管の種類について知る。

↓

② 血液が，酸素や養分を運ぶ仕組みを知る。

↓

③ 血液が，不要なものも運んでいることを知る。

指導のポイント

- 血液には赤血球が含まれていて，酸素を運んでいることを知らせます。
- 動脈と静脈の違いや，流れている血液に含まれているものの違いを説明します。
- イラストを見て，静脈を流れる血液の色が青いと誤解しないよう，色合いの違いの意味も説明したいと思います。
- 血管の長さは，すべて繋ぐと約10万kmで地球2周半もの長さになります。
- その長い血管の中を約5Lもの血液が，平均約1分間で循環していることに驚くことでしょう。

ワークシート⑦　5月22日　天気　晴れ　気温 29℃

人の体のつくりと働き　6年1組　名前 高田 昌慶

めあて　血液のしくみと働きを調べよう

ポイント
- ◎ 血液が通る管＝（血管）
- ○ 血管は，体の（すみずみ）まで行きわたっている。
- ○ 心臓から出る血液が通る血管＝（動脈）
  心臓へもどる血液が通る血管＝（静脈）
- ◎ 血液は，心臓の働きで（酸素）や（養分）を全身に送る。
- ○ 血液は，主に小腸で（養分）を（吸収）している。
- ○ 血液は，体の各部分で（二酸化炭素）や（不要なもの）を受け取って心臓にもどる。
- ○ 血液は，肺で（二酸化炭素）を出して（酸素）を受け取る。

問い1　血液は何Lぐらいあるでしょう

予想　1Lぐらい。5Lぐらい。10Lぐらい。20Lぐらい。

問い2　心臓から出た血液が，心臓にもどってくるまでの時間はどれぐらいでしょう

予想　5分ぐらい。30分ぐらい。1時間ぐらい。12時間ぐらい。

ポイント
- ○ 大人で，血液は約（5L）。
- ○ 血液は，約（1分）でもどってくる。

わかったこと　血液は酸素や養分を全身に送り，二酸化炭素や不要なものを運んでくれている。

第五次 第1時 ワークシート⑧「血液の循環」

目標 心臓が拍動することで循環する血液によって，必要な酸素だけでなく不要になった水分や老廃物が運ばれていることを理解できる。

準備物
- □ 肝臓や腎臓の説明図
- □ 臓器の働きの関連説明図

授業の流れ

① 学んできた様々な臓器の働きを振り返る。

↓

② 肝臓や腎臓の役割と働きを知る。

↓

③ 様々な臓器が関わり合って働くことで，生命が維持されていることをまとめる。

指導のポイント

- 様々な臓器の働きを振り返り，どのように関わり合っているのかに焦点を当ててまとめます。
- 体は，活動したり成長したりするために，酸素や養分などを必要としますが，その過程で不要になるものは，便だけではないことに気づかせます。
- 肝臓については，代謝だけではなく，解毒作用や胆汁の生成にも触れます。
- 腎臓の主な働きは，尿をつくって余分な水分や老廃物を排泄することです。排泄までしばらくの間，尿をためておく膀胱についても補説します。

ワークシート⑧　5月24日　天気　雨　気温 20℃

人の体のつくりと働き　6年1組　名前 高田 昌慶

めあて　体の各部分のつながりを調べよう

問い1　生きていくために必要なものと不必要なものは何でしょう

まとめ　必要なもの＝（酸素）と（養分）。
不必要なもの＝余分な（水分）や（老はい物）。

問い2　食べ物を食べた後，養分はどのようにして体の各部分に運ばれ使われるのでしょう

まとめ　食べ物にふくまれる（養分）は，だ液や胃液で（消化）され，主に（小腸）で（吸収）される。
吸収された（養分）は（かん臓）でたくわえられたり，（血液）で体の各部分に運ばれ使われたりする。

問い3　どのような仕組みで，酸素が体内に取り入れられ，二酸化炭素が体外に出されるのでしょう

まとめ　（肺）で（酸素）が血液に取り入れられ，（二酸化炭素）が血液から出される。
血液は，体の各部分に（酸素）をわたし，体内でできた（二酸化炭素）や（不要なもの）を受け取って運ぶ。

問い4　にょうは，どのようにしてつくられるのでしょう

まとめ　（じん臓）は，血液が運んできた（不要なもの）や余分な（水分）を，にょうにする。
にょうは，しばらく（ぼうこう）にためられてから，体外に出される。

ポイント解説

指導のアイデアとコツ

直接拍動

子どもは胸筋が薄いので，手のひらで拍動を感じられるようです。しかし，その感覚はわずかなものです。心臓は，とても力強く動いています。私がそれに気づいたのは，妻の胸に直接耳を当てて心音を聞いた時でした。

「すごい！」の一言で，ドックンドックンと大きな音が聞こえ「この人生きてるな〜」と実感した次第です。ただ，6年生女子には，体の発達に差異があるので勧めていません。男子は喜んでやる人もいますが。そこで，家族の心音を聞かせてもらうように伝えています。

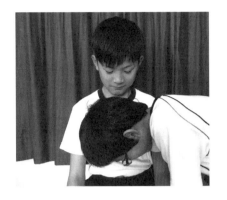

でんぷんの消化

実験の手順として，最後にヨウ素液を滴下させる教科書が多いようです。色が変わらなければ消化されている，青紫色になれば未消化という判定です。しかし，違和感がありませんか？ 色が変化してこそ消化されている（別のものに変化）と繋がりやすいと考えます。そこで，噛み砕いたご飯粒として白がゆを使います。湯を足して温度を上げ，先にヨウ素液を入れておきます。口腔用綿棒1本を全員に配布し，唾液を含ませてから，片方のビーカーに入れ，ゆっくり撹拌しながら待ちます。徐々に青紫色が薄くなり，5分もすれば真っ白に（変化!!）「本当に消化されてるんや」，子どものつぶやきです。

モデル実験・体験

臓器の様子は直接見せることができないのですが，イメージをもたせたいと工夫しました。消化管はアニマル風船で。部分ごとのおよその割合でねじります。肺胞や柔毛の形状が，表面積を増やしていることを実感させるために，100円ショップの掃除用具やおもちゃを見て触らせました。心臓の逆止弁は，灯油ポンプに赤鉛筆を通して一方通行を実感！ でんぷんの鎖はボールチェーン，それを消化する（断ち切る）ニッパ，切った1粒をブドウ糖，それを吸収する柔毛の壁を，穴あきペン立てで。

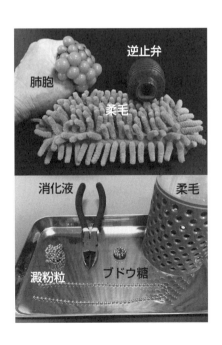

ワークシート①	月　　日　天気　　　　気温　　　℃

人の体のつくりと働き	年　　組　名前

めあて	食べたり飲んだりしなければどうなるか考えよう

問い1　1週間，食べたり飲んだりしなければ，どうなるでしょう

予想

問い2　3分間，呼吸しなければどうなるでしょう

予想

※無理しないように　☆何秒間，息を止められるかやってみよう（　　　　　）秒間

ポイント
◎生存するための（　　　　）の法則
○3（　　　），息をしないと，
○3（　　　），水を飲まないと，
○3（　　　），食べ物を食べないと，
●（　　　）が失われる，（　　　）な状態になる。

わかったこと

ワークシート②　　　　　月　　日　天気　　　　気温　　　℃

人の体のつくりと働き　　　年　　組　名前

めあて　食べ物がどのようにして体内に取り入れられるか調べよう

ポイント
◎消化 ＝ 食べ物を,（　　　）したり（　　　）しやすいものに変えたりすること。

◎吸収 ＝ （　　　）された（　　　）を, 体内に（　　　　　）ること。

ポイント
○消化液 ＝ 食べ物を（　　　）する,（　　　）や（　　　）などのこと。

○消化管 ＝ 食べ物の（　　　　）

● 口→（　　　）→（　　　）→（　　　）→（　　　）→（　　　）

●消化管の覚え歌：口から入って食道胃, 小腸大腸, こう門！

○消化された（　　　）は, 主に（　　　）で（　　　）されて,（　　　）に入って,（　　　）に運ばれ使われる。

○水分は,（　　　）や（　　　）で, 吸収される。

○（　　　）の一部は,（　　　）に, たくわえられる。

○（　　　）は, たんじゅうを作ったり,（　　　　　）を分解したりする。

○吸収されずに残ったものは,（　　　）となって（　　　）から体外へ出される。

○食べてから,（　　　）となって体外へ出されるまでは,（　　　～　　　）時間かかる。

ワークシート③　　　　　　月　　日　天気　　　　気温　　　　℃

人の体のつくりと働き　　　　　年　　組　名前

めあて　食べ物の，体内での変化を調べよう

問い　だ液が出ないと，どんなことに困るでしょう

予想

ポイント　◎だ液が出なかったら困ること。

- 食べ物を（　　　）しにくい。食べ物を（　　　）こめない。
- のどが（　　　）。（　　　）が分からない。（　　　）にくい。
- （　　　）になりやすい。（　　　）になりやすい。

実験　ア．だ液＋でんぷん＋ヨウ素液　　約40℃＝（　　　）
　　　　イ．　水＋でんぷん＋ヨウ素液　　5分間かき混ぜる

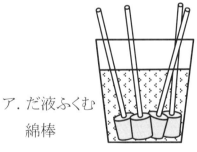
ア．だ液ふくむ綿棒

※白がゆ＋60℃の湯

イ．水ふくむ綿棒

結果　ア．だ液＋でんぷん＝青むらさき色→白色（　　　された　）
　　　　イ．　水＋でんぷん＝青むらさき色→変化なし

わかったこと

ワークシート④　　　　　　月　　日　天気　　　　気温　　　℃

人の体のつくりと働き　　　年　　組　名前

めあて　吸う息と，はく息の違いを調べよう①

問い　はく息では，吸う息（空気）とくらべて，二酸化炭素の割合が変化しているでしょうか

予想

実験

※石灰水が手につかないよう注意！

◎石灰水は，二酸化炭素で（　　　　　　）。
○吸う息（空気）と，はいた息を，ビニル袋に入れる。
○ビニル袋に，ろうとで石灰水を少し入れる。
○袋の口をねじり，指に巻きつけてから，シェイクする。

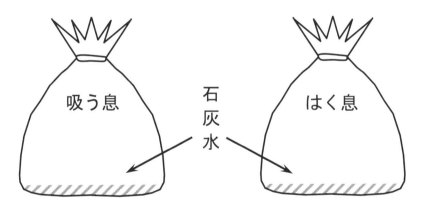

結果　石灰水が（　　　　　　　　）。袋内が（　　　　　　　　）。

わかったこと

ワークシート⑤　　　　月　日　天気　　　気温　　　℃

人の体のつくりと働き　　　年　組　名前

めあて　吸う息と，はく息の違いを調べよう②

ポイント

◎ 気体検知管＝気体の割合を
　　　　　　数値で調べることができる。

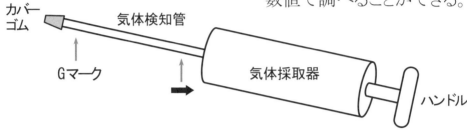

◎ 二酸化炭素用の気体検知管
○ 吸う息＝空気　→　黄色＝0.03〜1.0%
○ はく息　→→→→　赤色＝0.5〜8%

実験

◎気体検知管で，息の成分変化を調べる。
○吸う息(空気)と，はいた息をビニル袋に入れてから，気体を1分間採取し，割合をくらべる。

結果

酸素・・・・・・・・約21%→約(　　　)%　(　　　　　)

二酸化炭素・・・約0.04%→約(　　)%　(　　　　)

ポイント

◎吸った空気　→(　　　)→(　　)(　　　　)

わかったこと

ワークシート⑥　　　　　月　　日　天気　　　　気温　　　℃

| 人の体のつくりと働き | 年　組　名前 |

めあて　心臓のつくりや働きを調べよう

ポイント
◎はく動＝心臓が（　　　　　　　）して，
　　　　　（　　　）を送り出す動きのこと。
◎脈　拍＝手首や首で感じられる，
　　　　　（　　　）による（　　　　　　）のこと。
○脈拍は，（　　　　）と同じリズム。
○心臓は，（　　　　）と同じような働きをしている。

実験1　首や手首に指先を当てて，脈拍を取ってみましょう。

実験2　静かにすわっている時と，その場で30秒間ダッシュした後の脈拍を，はかってくらべてみましょう。

結果　1分間で，すわって（　　　）回，ダッシュして（　　　　）回

問い　はげしい運動をすると，呼吸・はく動が速くなるのはなぜでしょう

予想

わかったこと

ワークシート⑦　　　　　月　　日　天気　　　　気温　　　℃

人の体のつくりと働き　　　年　　組　名前

めあて　血液のしくみと働きを調べよう

ポイント
◎ 血液が通る管＝(　　　)
○ 血管は、体の(　　　　)まで行きわたっている。
○ 心臓から出る血液が通る血管＝(　　　　)
　心臓へもどる血液が通る血管＝(　　　　)
◎ 血液は、心臓の働きで(　　　)や(　　　　)を全身に送る。
○ 血液は、主に小腸で(　　　)を(　　　)している。
○ 血液は、体の各部分で(　　　　)や(　　　　　)を受け取って心臓にもどる。
○ 血液は、肺で(　　　　　)を出して(　　　　)を受け取る。

問い1　血液は何Lぐらいあるでしょう

予想　_____

問い2　心臓から出た血液が、心臓にもどってくるまでの時間はどれぐらいでしょう

予想　_____

ポイント
○大人で、血液は約(　　　　)。
○血液は、約(　　　　)でもどってくる。

わかったこと　_____

ワークシート⑧　　　　　　　月　　日　天気　　　　気温　　　℃

| 人の体のつくりと働き　　　年　　組　名前 |

めあて　体の各部分のつながりを調べよう

問い1　生きていくために必要なものと不必要なものは何でしょう

まとめ
必要なもの＝（　　　）と（　　　）。
不必要なもの＝余分な（　　　）や（　　　）。

問い2　食べ物を食べた後，養分はどのようにして体の各部分に運ばれ使われるのでしょう

まとめ
食べ物にふくまれる（　　　）は，だ液や胃液で（　　　）され，主に（　　　）で（　　　）される。
吸収された（　　　）は（　　　）でたくわえられたり，（　　　）で体の各部分に運ばれ使われたりする。

問い3　どのような仕組みで，酸素が体内に取り入れられ，二酸化炭素が体外に出されるのでしょう

まとめ
（　　　）で（　　　）が血液に取り入れられ，
（　　　）が血液から出される。
血液は，体の各部分に（　　　）をわたし，体内でできた
（　　　）や（　　　）を受け取って運ぶ。

問い4　にょうは，どのようにしてつくられるのでしょう

まとめ
（　　　）は，血液が運んできた（　　　）や
余分な（　　　）を，にょうにする。
にょうは，しばらく（　　　）にためられてから，体外に出される。

3 植物の養分と水の通り道

この単元では光合成と物質の移動について学習します。ジャガイモやホウセンカなどの植物の準備も必要ですが，顕微鏡，気体検知器，実験用ガスコンロなど多くの機器を活用して実験を進めていきます。とにかく準備が大切な単元であり，準備を怠るといい結果が出ないばかりか，誤解をまねくこともあります。材料，機器そして予備実験をきちんと行って臨みましょう。また，できれば単元の中で一度でもいいので自分で実験を組む方針で臨むことも大切であると考えます。条件がうまく整っておらず，結果が危うい場合もあります。その場合は不備や不手際についての指摘が子どもから出るようになるのなら，その実験は成功と考えていいかと思います。もちろん最後のまとめで間違いは修正しておかなければなりません。

育成する資質・能力

【知識及び技能】

植物について，その体のつくり，体内の水などの行方及び葉で養分をつくる働きに着目して，生命を維持する働きを多面的に調べる活動を通して，次の事項を身に付けることができるよう指導する。

ア　次のことを理解するとともに，観察，実験などに関する技能を身に付けること。

(ア)植物の葉に日光が当たるとでんぷんができること。

(イ)根，茎及び葉には，水の通り道があり，根から吸い上げられた水は主に葉から蒸散により排出されること。

【思考力，判断力，表現力等】

イ　植物の体のつくりと働きについて追究する中で，体のつくり，体内の水などの行方及び葉で養分をつくる働きについて，より妥当な考えをつくりだし，表現すること。

【学びに向かう力，人間性等】

主により妥当な考えをつくりだす力や生命を尊重する態度，主体的に問題解決しようとする態度を育成する。

単元の構成　※丸付数字はワークシートの番号

第一次　植物と水

第1時〜2時　植物に取り入れられる水…①〜②

第3時〜4時　植物の体から出る水…③〜④

第5時　気孔の観察…⑤

第二次　植物と空気

第1時　植物と空気にはどのような関係があるか…⑥

第三次　植物と養分

第1時〜2時　植物は日光が当たると自分で養分をつくるのか…⑦〜⑧

解説とワークシートの解答

第一次 第1時 ワークシート① 「植物に取り入れられる水1」

目標 ▶ 根から吸い上げられた水はその後どうなるのだろうか，調べよう。

準備物
- □三角フラスコ
- □インク
- □ジャガイモ（根ごと）

授業の流れ

①植物が育つのに水,肥料,日光が必要なことを復習する。

↓

②根から吸い上げた水がどのように体に行き渡るのかを考える。

↓

③実験を行う。ジャガイモやホウセンカの根からインクを溶かした水を吸わせる。

指導のポイント

●本時は植物の水揚げの実験ですが，特に，道管，師管を観察するとか，水揚げの強さを観察するのではなく，次時以降の蒸散や光合成に水が必要であることを強調する実験です。この場合は根から茎，葉に水揚げが行われることが分かればいいので，しっかり染められれば実験は成功と言えます。

●4月はじめにジャガイモを多めに植え，この後もいろいろな実験をします。もしジャガイモが足りなかったら3年生がホウセンカを育てていると思われるのでそちらを借りてもいいでしょう。

第一次 第2時 ワークシート② 「植物に取り入れられる水2」

目標 ▶ 根から吸い上げられた水はどこを通るのだろうか，調べよう。

準備物
- □色鉛筆
- □カッター

授業の流れ

①前時から約1時間待ち，水揚げをしているのを確認する。

↓

②カッターで根，茎，葉の断面を薄く切って観察する。

↓

③根，茎，葉には水の通り道があることを知る。

指導のポイント

●5年生の「植物の成長に必要なもの」の中で，当たり前すぎて「水」を忘れがちです。発芽にも出てくるので混乱している子もいます。きちんと押さえておきましょう。

●染色液は約1時間しないと吸い上げてくれません。できるだけ天気が良く蒸散しやすい日に実験を行いましょう。

●「道管」という言葉は覚えさせなくてもよいのですが，どうせ中学校で学習するので「水の通り道＝道管」と機械的に覚えさせてもいいと思います。

039

3 植物の養分と水の通り道

解説とワークシートの解答

第一次 第3時 ワークシート③ 「植物の体から出る水1」

目標 葉までとどいた水がどうなるか考えよう。

準備物
□ジャガイモやホウセンカの株
□ビニール袋　□色鉛筆

授業の流れ

前時の復習をする。葉まで水が届いてどうなるかを考える。

↓

②「葉から出る」との予想が出るが、それを確かめる実験方法を考える。

↓

③水蒸気では分からないが水滴になったら見えると考え、実験を行う。

指導のポイント

● 本時の実験は特にジャガイモである必要はなく、教室内の観葉植物でも構いません。生け垣や野草でもまず失敗はありません。ただ、蒸散量を増やしてはっきりさせたい場合は事前に水をまいておくと確実です。

● 蒸散を葉で行っているらしいので、それを調べるためには葉を落とした株で同様の実験をするということをつかませましょう。

● 天気が良ければ数時間で蒸散が分かります。これも2時間必要ですね。

第一次 第4時 ワークシート④ 「植物の体から出る水2」

目標 葉までとどいた水はその後どうなるだろうか、調べよう。

準備物
□ジャガイモの株
□色鉛筆

授業の流れ

前時にセットしたジャガイモの結果を見る。

↓

②葉がある方が確実に水滴がついているのを知る。

↓

根から吸い上げた水は葉の気孔から外に出て行くこと（蒸散）を知る。

指導のポイント

● 植物は根から水を吸収する、植物は葉から水を放出する…こうやって書くと、放出するくらいなら吸収しなくてもいいんじゃないのかという意見が出るかもしれません。我々人間だって、水を吸収し、放出しているのだから要らないはずはありません。

● 最終的には光合成を学習します。光合成は水と二酸化炭素を原料にしてブドウ糖を作り、水と酸素を放出します。これだけでも水の吸収と放出は分かるでしょう。ただ、同時に呼吸も行っているので吸収や放出はすべて光合成のためではありません。

解説とワークシートの解答

第一次 第5時 ワークシート⑤ 「気孔の観察」

目標 葉の気孔を観察しよう。

準備物
- □ジャガイモやツユクサの葉
- □セメダイン □セロハンテープ
- □顕微鏡 □色鉛筆

授業の流れ

①前時の復習で蒸散はどこでするかを確認する。

↓

②顕微鏡を用いて気孔を観察する。

↓

③気孔は蒸散をする場所であって,孔辺細胞でできたすき間であることを知る。

指導のポイント

- セメダインをつけて気孔の形を観察する方法を「レプリカ法」と言います。薄く剥がせないタイプの葉でも観察ができます。まさに3Dコピーです。
- 「気孔」という一つの器官があるのではなく,孔辺細胞にはさまれたすき間が気孔だと言えます。
- 気孔を観察すると鋭い子は細胞の存在に気づきます。一つひとつが部屋になっているところがある…と気づいたらぜひ褒めてあげましょう。「細胞」は難しい言葉ではないのでどんどん使いましょう。

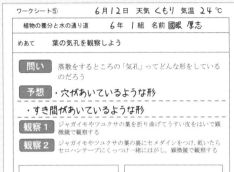

ワークシート⑤　6月12日　天気 くもり　気温 24℃
植物の養分と水の通り道　6年　1組　名前 國眼 厚志
めあて　葉の気孔を観察しよう

問い 蒸散をするところの「気孔」ってどんな形をしているのだろう

予想 ・穴があいているような形
・すき間があいているような形

観察1 ジャガイモやツユクサの葉を折り曲げてうすい皮をはいで顕微鏡で観察する

観察2 ジャガイモやツユクサの葉の裏にセメダインをつけ,乾いたらセロハンテープにくっつけ一緒にはがし,顕微鏡で観察する

 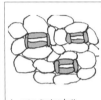

ア ジャガイモの気孔　　イ ツユクサの気孔

結果 ・気孔は孔辺細胞(こうへんさいぼう)でできたすき間である。
・葉のうら側には多くの気孔があった。

第二次 第1時 ワークシート⑥ 「植物と空気にはどのような関係があるか」

目標 植物と空気にはどのような関係があるか調べよう。

準備物
- □ジャガイモ □ビニール袋
- □気体検知器 □気体検知管

授業の流れ

①物が燃えることについて復習をする。

↓

②植物の場合も同じかどうかを考える。

↓

③植物は日光が当たると二酸化炭素を取り入れ,酸素を出すことがわかる。

指導のポイント

- すでに燃焼の仕組みを知っているので物が燃えるためには酸素が必要で二酸化炭素が出ることは知っています。呼吸の勉強もしているので同様の結果は分かるでしょう。それに対して植物はどうかというのが本字の学習ですが,この実験だけだと,「植物は燃焼や呼吸と逆」と頭に入れてしまいそうです。植物も生き物だから呼吸もする。その上で日光が当たると呼吸の逆も行う…とまとめる方が良いでしょう。
- 二酸化炭素は息ではなく,スプレー缶で入れましょう。

ワークシート⑥　6月14日　天気 晴れ　気温 28℃
植物の養分と水の通り道　6年　1組　名前 國眼 厚志
めあて　植物と空気にはどのような関係があるのだろうか

問い1 物が燃えるときはどのような気体が使われたり,できたりするのだろうか

予想1 ・酸素が使われる
・二酸化炭素ができる

問い2 植物はどんな気体を使ったり,出したりするのだろうか

予想2 ・やはり酸素を使って二酸化炭素を出す
・燃やすと逆に二酸化炭素を使って酸素を出す

実験 ア 袋をかけて二酸化炭素をたっぷり入れたジャガイモを気体検知器で調べる。
イ 袋の穴をふさぎ,日光に良く当てて1時間後にもう一度気体検知器で調べる

結果 ・葉に日光を当てた後では二酸化炭素がへり酸素が増えていた

わかったこと ・植物は日光が当たると空気中の二酸化炭素を取り入れ,酸素を出す

3 植物の養分と水の通り道

解説とワークシートの解答

第三次 第1時 ワークシート⑦「植物は日光が当たると自分で養分をつくるのか1」

目標 植物は日光が当たると自分で養分を作るか調べよう。

準備物
- □ジャガイモの株（畑にある状態）
- □アルミホイル □クリップ

授業の流れ

①植物が日光を浴びて養分ができるかどうか考える。
↓
②条件を考えながら実験を組む。
↓
③組んだ実験についてどうなるか予想する。

指導のポイント

- この授業は夕方にアルミホイルをかける準備が大切です。本当はこの準備を子どもたちとするのが一番良いのですが、夕方だとかないません。ぜひ、タブレットなどで準備の様子を録画しましょう。そうすると光を当てる葉、当てない葉がよく分かり、次時の実験に臨場感が出ます。失敗の可能性もあるので、アの葉とイの葉、日光に当てる前の葉、それぞれ班に3枚ずつは用意しましょう。

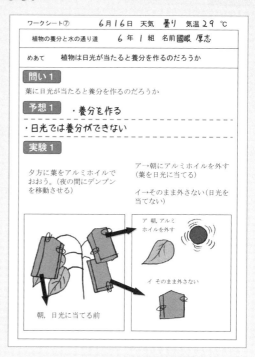

第三次 第2時 ワークシート⑧「植物は日光が当たると自分で養分をつくるのか2」

目標 植物は日光が当たると自分で養分を作るか調べよう。

準備物
- □前日準備したジャガイモの葉
- □ヨウ素液 □ピペット □シャーレ
- □エタノール □湯

授業の流れ

①日光が当たると葉に養分ができているか予想する。
↓
②前日準備した実験を行い、結果を知る。
↓
③日光が当たると葉に養分ができることを知る。

指導のポイント

- この実験は結果が出るまでにいろいろな作業が必要です。ジャガイモの葉は湯で柔らかくし、エタノールで葉緑素を抜いた後にヨウ素液を垂らす方が確実に変化が分かります。ヨウ素液の濃さがポイントになります。ズバリ紅茶の色です。紅茶くらいの色でないと敏感に反応しすぎたり、全く反応しなかったりと実験の結果が出にくくなります。必ず一度は予備実験を行いましょう。
- 「光合成」という用語を出しても構いません。動物にはない植物の素晴らしい機能です。

ワークシート⑧　6月16日　天気 曇り　気温 30℃

植物の養分と水の通り道　6年1組 名前 國眼 厚志

めあて　植物は日光が当たると養分を作るのだろうか

問い2 ア、イの葉に養分（でんぷん）はできているのだろうか

予想2 ・アにはでんぷんができている

結果 ・イにはでんぷんができていない

葉	朝、日光に当てる前	ア（おおいを外したもの）	イ（おおいをしたままのもの）
ヨウ素液	変化なし	青むらさき色	変化なし
でんぷん	なし	あり	なし

・日光をよく当てた葉にはでんぷんが多くふくまれていた
・日光を当てていない葉にはでんぷんがふくまれていなかった

わかったこと
・植物の葉に日光が当たるとでんぷんができる
・植物は自分で養分をつくっている
・でんぷんがあるとヨウ素液が青むらさき色に変わる

ポイント解説

1単元に1つは子どもに実験を組ませる

　この章の頭にも書きましたが，この単元の筆者國眼の学校では，単元に1つは子どもに実験を組ませようと取り組んでいます。毎回それでは時間がかかりすぎたり，あまり期待できる結果が出なかったりと，進度にも支障を来すこともあるので，一応1回は…としています（2回以上の学級もありました）。実験材料，器具，薬品も自分たちで考えます。班の中でかなりの激論が交わされます。教師はそのやりとりを見て，最小限のアドバイスを与えます。実験用ガスコンロでいいのに，「アルコールランプで加熱する」と班で決めた以上，それを用意します。薬品も学校にある物，簡単に購入できる物であれば準備します。でもほとんどは子どもたちがそろえて，実験の日には大荷物になることもあります。その実験への考えを「○○説」として

挟み込み式ホワイトボード（IZUMI社のまなボード）に記入し，他の班に説明できるようにします。ここまででもかなりの時間をかけます。実験が始まったら，その様子をタブレットで撮影します。結果だけでなく，経過も発表できるようにするのです。時間が来たら発表タイムです。1時間の中でこれを行うので，全部の班が順番に発表すると間に合いません。そこで代表が発表し，それを聞き役の人が代表で聞きに行き，どの班の発表にもどの班からも聞きに来る子がいます。そうす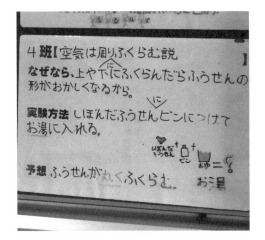
ると発表時間は数分で済みます。こうやって各班の「○○説」がどのように正しかったかをまとめるのですが，必ずしも結果が科学的に合っていたり，条件設定が正しかったりするわけではありません。次時に教師が解説してまとめをしますが，大切なのは実験を組むその時間なのです。与えられた実験では誰もが同じような結果になります。同じ結果にならない実験が楽しく，オリジナリティあふれて教師も感心することがあります。

　この単元の光合成をする葉は，ジャガイモが定番ですが，ある子はグラウンドに植わっているケヤキの葉を選びました。「こんなもので…」と思ったのですが，見事に葉緑素がきれいに抜け，デンプン反応が出たのです。子どもに教えられました。新学習指導要領にある「主体的・対話的で深い学び」はこのような自分たちで組む実験なくして考えられないと思います。単元に1回くらいはぜひそんな時間が取れたらと思います。必ず理科大好きっ子がいっぱい育つことでしょう。

ワークシート①	月　日　天気　　　　　気温　　　℃
植物の養分と水の通り道	年　　組　名前

めあて　根から吸い上げられた水はその後どうなるのか調べよう

復習　植物が育つのに何が必要か

- -

問い　根が取り入れた水はどこを通って植物の体にいきわたるか

予想

- -

- -

実験　ジャガイモの根からインクを吸わせて調べる

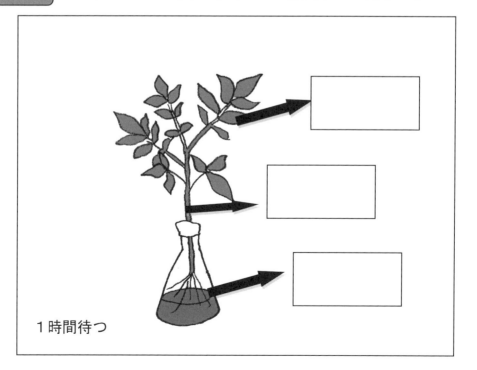

1時間待つ

ワークシート②　　　　　月　　日　天気　　　　気温　　　　℃

| 植物の養分と水の通り道 | 年　　組　名前 |

めあて　　根から吸い上げられた水はどこを通るのだろうか，調べよう

結果　　ジャガイモのくきや葉。根がどうなったかを観察する

葉の部分

くきの部分
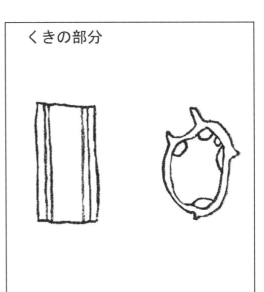

結果からわかったこと

根の部分

ワークシート③	月　　日　天気　　　　気温　　　℃

植物の養分と水の通り道	年　　組　名前

めあて	葉までとどいた水がどうなるのか考えよう

問い　葉までとどいた水はその後どうなるだろうか

予想

実験　ジャガイモの葉にポリエチレンの袋をかぶせる

　ア　葉を全部とったもの　　　　　イ　そのままにしたもの

ワークシート④　　　　　　月　　日　天気　　　　　気温　　　　℃

植物の養分と水の通り道　　　年　　組　名前
めあて　　葉までとどいた水はその後どうなるのか調べよう

結果

わかったこと

ワークシート⑤	月　日　天気　　　　気温　　　℃

植物の養分と水の通り道	年　組　名前

めあて	葉の気孔を観察しよう

問い　蒸散をするところの「気孔」ってどんな形をしているのだろう

予想

観察1　ジャガイモやツユクサの葉を折り曲げてうすい皮をはいで顕微鏡で観察する

観察2　ジャガイモやツユクサの葉の裏にセメダインをつけ，乾いたらセロハンテープにくっつけ一緒にはがし，顕微鏡で観察する

結果

ワークシート⑥　　月　　日　天気　　　　気温　　　℃

植物の養分と水の通り道　　　　年　　組　名前

めあて　植物と空気にはどのような関係があるのだろうか

問い1　物が燃えるときはどのような気体が使われたり，できたりするのだろうか

予想1

問い2　植物はどんな気体を使ったり，出したりするのだろうか

予想2

実験　ア　袋をかけて二酸化炭素をたっぷり入れたジャガイモを気体検知器で調べる。
イ　袋の穴をふさぎ，日光に良く当てて1時間後にもう一度気体検知器で調べる

結果

わかったこと

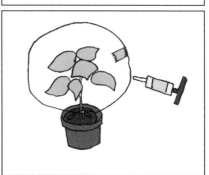

ワークシート⑦	月　日　天気　　　　気温　　　℃
植物の養分と水の通り道	年　　組　名前

めあて　植物は日光が当たると養分を作るのだろうか

問い1
葉に日光が当たると養分を作るのだろうか

予想1

実験1

夕方に葉をアルミホイルでおおう。（夜の間にデンプンを移動させる）

ア→朝にアルミホイルを外す（葉を日光に当てる）

イ→そのまま外さない（日光を当てない）

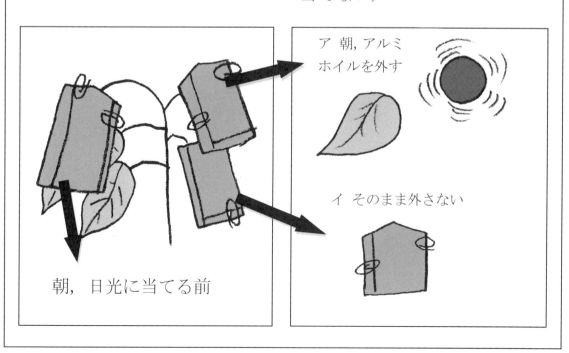

朝，日光に当てる前

ア　朝，アルミホイルを外す

イ　そのまま外さない

| ワークシート⑧ | 月　日　天気　　　　気温　　　℃ |

| 植物の養分と水の通り道 | 年　組　名前 |

| めあて | 植物は日光が当たると養分を作るのだろうか |

問い2　ア，イの葉に養分（でんぷん）はできているのだろうか

予想2

結果

葉	朝, 日光に当てる前	ア（おおいを外したもの）	イ（おおいをしたままのもの）
ヨウ素液			
でんぷん			

わかったこと

4 生物と環境

この単元の目標は「ヒトや動物，植物と養分・水・空気などを関係付けながら調べ，見いだした問題を多面的に追究する活動を通して生物の食う食われるという関係でつながっていることや生物は周囲の環境と関わり合って生きていることの理解を図り，生物と環境についての考えをもつことができる」とあります。「生産者」「消費者」場合によっては「分解者」「粉砕者」そして「光合成」「食物連鎖」などの特に教科書で学習しない用語もできるだけ出していくことで専門らしい雰囲気を醸し出してみればどうでしょう。さらに，生きていくために必要な水・空気・食べ物が互いに深くつながっていて，その関係が自然環境をつくり上げていることに気づかせていきたいところです。

育成する資質・能力

【知識及び技能】

生物と環境について，動物や植物の生活を観察したり資料を活用したりする中で，生物と環境との関わりに着目して，それらを多面的に調べる活動を通して，次の事項を身に付けることができるよう指導する。

ア 次のことを理解するとともに，観察，実験などに関する技能を身に付けること。
(ア)生物は，水及び空気を通して環境と関わって生きていること。
(イ)生物の間には，食う食われるという関係があること。
(ウ)人は，環境と関わり，工夫して生活していること。

【思考力，判断力，表現力等】

イ 生物と環境について追究する中で，生物と環境との関わりについて，より妥当な考えをつくりだし，表現すること。

【学びに向かう力，人間性等】

児童が，生物と水，空気及び食べ物との関わりに着目して，それらを多面的に調べる活動を通して，生物と持続可能な環境との関わりについて理解を図り，主により妥当な考えをつくりだす力や生命を尊重する態度，主体的に問題解決しようとする態度を育成する。

単元の構成
※丸付数字はワークシートの番号

第一次 食べ物を通した生物のつながり
- 第1時 私たちの食べ物とは何か…①
- 第2時 生物は養分を得る上で他の生物とどのように関わっているのか…②

第二次 空気を通した生物のつながり
- 第1時 生物は空気を通してどのように関わっているのか…③

第三次 生物と自然環境
- 第1時 生物が生きていくために必要なものは何か…④

第四次 私たちの暮らしと環境
- 第1時 水との関わり…⑤
- 第2時 空気との関わり…⑥
- 第3時 食べ物との関わり…⑦
- 第4時 奇跡の星・地球を守る…⑧

解説とワークシートの解答

第一次 第1時 ワークシート① 「私たちの食べ物とは何か」

目標 ▶ 私たちの食べ物のもとは何だろうか，調べよう。

準備物
- □給食の献立
- □タブレットや図鑑など調べられる物

授業の流れ

① 給食の献立を見て，食材を動物と植物に分ける。

↓

② 植物は日光を浴びて光合成をし，動物はその植物を食べることを知る。

↓

③ ヒトは動物も植物も食べるが食べ物のもとは植物であることを知る。

指導のポイント

- 本字は給食の献立表から食材を動物と植物に分ける作業を行い，その動物もすべて植物を食べて成長していることを理解させ，次時の食う食われるの関係につなげていきたいところです。
- メニューだけ見て食材が分かれば家でお手伝いをしている証なので褒めてあげましょう。八宝菜に何が入っているかはタブレットで「八宝菜 レシピ」と検索し，だいたい，白菜や豚肉，ウズラの卵が入っていることが分かればOKです。こうして食材を確定していきましょう。

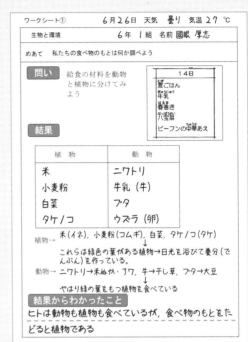

第一次 第2時 ワークシート② 「生物は養分を得る上で他の生物とどのように関わっているのか」

目標 ▶ 生物は養分を得る上で他の動物とどのように関わっているか調べよう。

準備物 □タブレットや図鑑など調べられる物

授業の流れ

① 食べ物で食う食われるの関係を考える。

↓

② 植物→草食動物→肉食動物→大型肉食動物の関係が分かる。

↓

③ 生産者，消費者，食物連鎖の関係が分かる。

指導のポイント

- でんぷんを作る植物を生産者と言います。前単元で日光に当たるとでんぷんを作るという光合成の学修をしたのをきちんと思い出させましょう。
- 植物は草食動物や人間に食べられるために一生懸命でんぷんを作っているわけではありません。植物自身のためにせっせとでんぷんを同化しているのです。それを当たり前のように食べる我々は生き物の命に感謝しないといけません。
- タブレットパソコンを使って連鎖が何から始まっているか調べましょう。

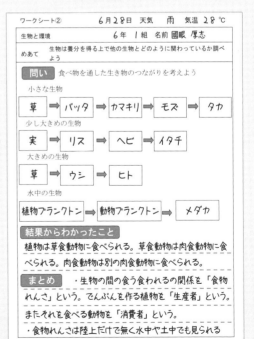

4 生物と環境

解説とワークシートの解答

第二次 第1時 ワークシート③ 「生物は空気を通してどのように関わっているのか」

目標 生物は空気を通してどのように関わっているのか調べよう。

準備物 □タブレットや図鑑など調べられる物

授業の流れ

① 植物の光合成についてまとめる。

↓

② 動物の呼吸についてまとめる。植物も呼吸をしていることを知る。

↓

③ 酸素と二酸化炭素の流れを図に描く。

指導のポイント

● 前単元では光合成の学習はしましたが、それはあたかも植物というのは呼吸とは逆で二酸化炭素を取り入れて酸素を出すという行為を行っている…というのが前面に出てくる記述だったと思います。その記載だけだと③は出てきません。通常植物は常に呼吸を行っており、光が当たると光合成を行い、光合成量が大きいと二酸化炭素を吸収し酸素を放出しているだけのように見える…ということを理解させたいと思います。

● 生物は空気を通してまわりの環境や他の生物と関わり合っています。

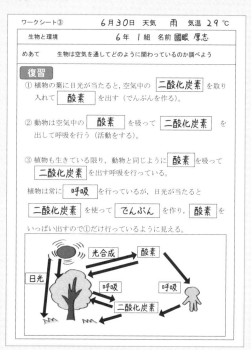

ワークシート③　6月30日　天気 雨　気温 29℃
生物と環境　6年1組　名前 國眼 厚志
めあて　生物は空気を通してどのように関わっているのか調べよう

[復習]
① 植物の葉に日光が当たると、空気中の[二酸化炭素]を取り入れて[酸素]を出す（でんぷんを作る）。
② 動物は空気中の[酸素]を吸って[二酸化炭素]を出して呼吸を行う（活動をする）。
③ 植物も生きている限り、動物と同じように[酸素]を吸って[二酸化炭素]を出す呼吸を行っている。
植物は常に[呼吸]を行っているが、日光が当たると[二酸化炭素]を使って[でんぷん]を作り、[酸素]をいっぱい出すので①だけ行っているように見える。

第三次 第1時 ワークシート④ 「生物が生きていくために必要なものは何か」

目標 生物が生きていくために必要な物は何か調べよう。

準備物 □タブレットや事典など調べられる物

授業の流れ

① 植物の発芽や成長に必要な条件を思い出す。

↓

② 動物の成長に必要な条件を想像する。

↓

③ 呼吸と光合成について復習する。生き物は微妙なバランスの中で生活していることを知る。

指導のポイント

● 生物が生きていくためにの要素は三つ（水、空気、食べ物）が挙げられます。それに加えて「奇跡の星・地球」を扱うために、太陽との関係まで考えさせたいところです。そこで5年生の植物の成長条件を想起させ、適度な温度と日光が、太陽によってもたらされていることを確認します。

● 水がなければ植物は枯れ、動物は活動できなくなります。このように必要な要素をピックアップするだけでなく、無くならないまでも、数や量が減ったとしたらどのような影響が出るかも考えさせ、自然界のバランスを確認させていきます。

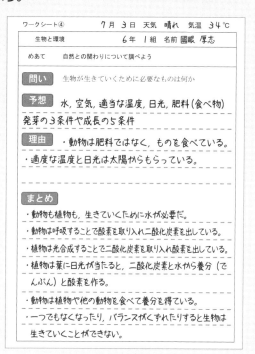

ワークシート④　7月3日　天気 晴れ　気温 34℃
生物と環境　6年1組　名前 國眼 厚志
めあて　自然との関わりについて調べよう

[問い] 生物が生きていくために必要なものは何か
[予想] 水、空気、適当な温度、日光、肥料（食べ物）
発芽の3条件や成長の5条件
[理由]
・動物は肥料ではなく、ものを食べている。
・適度な温度と日光は太陽からもらっている。

[まとめ]
・動物も植物も、生きていくために水が必要だ。
・動物は呼吸することで酸素を取り入れ二酸化炭素を出している。
・植物は光合成することで二酸化炭素を取り入れ酸素を出している。
・植物は葉に日光が当たると、二酸化炭素と水から養分（でんぷん）と酸素を作る。
・動物は植物や他の動物を食べて養分を得ている。
・一つでもなくなったり、バランスがくずれたりすると生物は生きていくことができない。

解説とワークシートの解答

第四次 第1時 ワークシート⑤ 「水との関わり」

目標 水との関わりを調べよう。

準備物 □タブレットや事典など調べられる物

授業の流れ
① 地球上の水がこれからどうなるかを想像する。
② 生活の中で水が何に使われているかを話し合う。
③ 安全においしく飲める水はどこにでもあるわけではないことを知る。

指導のポイント
● まず,生きていくために不可欠な水について考えさせます。水道をひねればいつでも好きなだけ出てくる水ですが,地球全体で見ると,それは非常に,まれな環境であることに気づかせます。その水を汚して流している日常生活を振り返り,水をできるだけ汚さないようにしようという意識を育てていきます。
● 生活用水として可能な水が地球規模では驚くほど少ないことを知らせます。その水を自由に使えるのは一部の国の人間だけであることを調べさせます。

ワークシート⑤　2月12日　天気　晴れ　気温　7℃
生物と環境　6年　1組　名前　國眼 厚志
めあて　人間は水とどのように関わっているか調べよう

問い1　水はなくならないか
予想1　なくならない（少しずつなくなる，少しずつ増える）
理由　・4年生で習った
・人間が増えているから
・温暖化で氷が溶けるから
問い2　水をどのように使っているか
予想2　・飲み水,料理,洗たく,風呂,トイレなど
・植物を育てるため,動物を育てるため,洗車
資料調べ・まとめ　・人間が使える水の量はごくわずかである。
・水を自由に使えるのはごくわずかの人間である。
・水道水が飲めるのはごくわずかの国である。
・飲料水や生活水に使っている。
・生活排水は下水処理場できれいにされて,川や海にもどされている。

第四次 第2時 ワークシート⑥ 「空気との関わり」

目標 人間と空気との関わりを調べよう。

準備物 □タブレットや事典など調べられる物

授業の流れ
① これから地球上に二酸化炭素が増えるかを考える。
② 二酸化炭素を減らす方法を考える。
③ 文明が発達すればするほど自然界のバランスがくずれてきたことを知る。

指導のポイント
● 空気との関わりは二酸化炭素から迫ってみます。児童のほとんどは温暖化問題について何らかの知識をもっています。そこですでに学んだ光合成による二酸化炭素の固定と量的な関係を調べてもやはり増加していることを確認させます。努力なくして二酸化炭素の削減はない…と認識させます。
● 二酸化炭素の排出量は経済事情や生活水準が影響するので国によって違います。日本だけでは解決できませんが先進国の責任が大きいことは気付かせたいです。

ワークシート⑥　2月14日　天気　晴れ　気温　11℃
生物と環境　6年　1組　名前　國眼 厚志
めあて　人間は空気とどのように関わっているか調べよう

問い1　二酸化炭素は増えていくか
予想1　・増えていく，増えない
理由　・森林が少なくなっているから
・自動車や工場でたくさん出るから
・植物が光合成してくれるから
問い2　二酸化炭素を減らす方法はあるか
予想2　・車を電気自動車にする
・火力発電を太陽光・風力発電に代える
・植物を育てる
資料調べ・まとめ　・植物の光合成と動物の呼吸で二酸化炭素と酸素のバランスが取れていた
・人間だけがそのバランスをくずしている
・先進国ほど多くの二酸化炭素を出している
・温暖化によって異常気象などが起こっている
・風力,太陽光発電,電気自動車・燃料電池車

4 生物と環境

第四次 第3時 ワークシート⑦ 「食べ物との関わり」

目標 ▶ 食べ物との関わりを調べよう。

準備物 □タブレットや事典など調べられる物

授業の流れ

①日本の食糧自給率を知り，食料を輸入に頼った国だと知る。
↓
②卵は国内で生産されるがそのえさを輸入せざるを得ない状況を知る。
↓
③「もし輸入がストップしたら」とを考える。そうなったら困らないためにすべきことを知る。

指導のポイント

●人間は動植物から養分を得ていますが，日本の食糧自給率は先進国の中で最低です。それは他国のような努力を怠り，お金を出してほしい食材を輸入してきたからです。低下の一途をたどる食糧自給率に危機感をもち，自分にできることを実行していこうとする態度が大切です。
●食料輸入がストップすると三食が米・イモ・魚になり，肉や卵は滅多に食べられないという事実を突きつけます。

ワークシート⑦　2月16日　天気 くもり　気温 11℃
生物と環境　　6年 1組 名前 國眼 厚志
めあて　人間は食べ物とどのように関わっているか調べよう

問い1　日本の食糧自給率は何％か
予想1　ア 19％，イ 39％，ウ 59％（正解はイ）
理由　ア ほとんど輸入していると聞いたから
イ 店に輸入品がたくさんあるから
ウ 米や野菜だけでなく，肉も国産が多いから
問い2　フード・アクション・ニッポンとは何か
資料調べ・まとめ
・日本の食糧自給率は39％しかない
・天ぷらそばの80％は輸入品　外国からの輸入に頼っている
・肉や卵もえさを輸入に頼っている
・日本の食生活が昔と変わってきた（米野菜減る）
・日本のフードマイレージはとても高い
・地球温暖化で輸入食品が高くなる
・輸入できないと，米・イモの生活になる
・食糧自給率を高めるために→①旬を食べる②地産地消③個目野菜中心④残さず食べる⑤国産食材を食べる

第四次 第4時 ワークシート⑧ 「奇跡の星・地球を守る」

目標 ▶ 「奇跡の星・地球を守る」を調べよう。

準備物 □タブレットや事典など調べられる物

授業の流れ

地球に人間が住める理由を考える。
↓
地球は奇跡的に生き物が住める星だったことを知る。
↓
③もっと地球を大切にするためにできることを知る。

指導のポイント

●人間は動植物から養分を得ていますが，元をたどれば植物に行き着くことを学んでいます。その動植物が育つためには，水，空気のほかに太陽がもたらす適度な温度と明るさが不可欠です。その適度さが奇跡的な太陽との位置関係で成り立っていることを押さえます。そのかけがえのない地球を大事にしようとする意欲を高めます。
●地球は奇跡の星なのです。現在のところ地球にのみ生命が存在します。奇跡だからこそ守らなければならないという思いを受け継いでいきたいですね。

ワークシート⑧　2月19日　天気 くもり　気温 10℃
生物と環境　　6年 1組 名前 國眼 厚志
めあて　地球が奇跡の星と呼ばれる理由は何か

問い1　地球に生命が住めるのはなぜか
予想1　水があるから，空気があるから，酸素と二酸化炭素があるから，適当な温度だから，日光が当たるから

資料調べ・まとめ
・酸素からオゾン→紫外線を吸収
・地球は大きな磁石→磁場で太陽風をバリア
・太陽と適当な距離→適当な温度，明るさ
・適当な重さ→空気や水が逃げない
・動物と植物→二酸化炭素と酸素のバランス
問い2　地球環境を守るために，人間ができることは何か
資料調べ・まとめ
・電気自動車，燃料電池車
・太陽光発電，風力発電
・工業はい水，生活はい水の処理
・3R（リデュース，リユース，リサイクル）
・植林，自然保護

ポイント解説

その場で調べられ，みんなに見せられるタブレットが最高！

　文科省の肝入りもあって，多くの学校でも普通教室にタブレットパソコンを導入しているのではないでしょうか。この章は以前なら「パソコン教室で学習しましょう」とインターネット接続ができることを前提に調べ学習として教室移動を勧めていました。ただ，パソコン教室で調べようとすると，席を決め，電源を入れ，ログインして数分待ちます。この間に理科に対する興味や集中が途切れてしまいがちになるのです。教室にタブレットパソコンがあれば，すぐに自席に持って行き，起動も簡単に行えます。特に iPad を用いると起動時間はほとんど要りません。ボタンもほとんどないので誤動作もなく，機械のエラーで教師がつきっきりになる子ともないのです（ICT 活用ではこれが一番のネックでした）。

　つまり，すぐに調べることができるので，理科で調べようとした流れがそのまま継続できるのです。私（國眼）は理科担当でもあり，情報担当でもあるのでこのタブレットパソコンを推奨しています。現状ではすべての児童分はありませんが，2 人に 1 台くらいは確保できるので調べ学習を協働学習として話し合って進められます。

　「このページをみんなに見せたい」そんな場面でも iPad ならすぐに大型モニターやスクリーンに投影して見せることが可能です。教室に Wi-Fi と Apple TV があれば，室内のどの iPad からでも瞬時にその画面を投影できるのです。しかも自席にいながらなので，投影まで時間がかかりません。ネットで見つけた写真をピンチアウトで大きく拡大して見せたり，マークアップ機能を用いて引き込み線を引いたり矢印を描いたりと，ただのウェブの写真がプレゼンのようにできます。これも毎日のように使っていけば誰でもできるようになります。

　どうしても本単元は内容が堅く，実験や観察もないので退屈になりがちです。そんなときに調べ学習で発表する練習をしてもいいと思います。

| ワークシート① | 月　日　天気　　　気温　　℃ |

| 生物と環境 | 年　組　名前 |

めあて　私たちの食べ物のもとは何か調べよう

問い　給食の材料を動物と植物に分けてみよう

結果

植　物	動　物

植物→

動物→

結果からわかったこと

ワークシート②	月　　日　天気　　　　気温　　　℃

生物と環境	年　　組　名前

めあて	生物は養分を得る上で他の生物とどのように関わっているか調べよう

問い　食べ物を通した生き物のつながりを考えよう

小さな生物

☐ ➡ ☐ ➡ ☐ ➡ ☐ ➡ ☐

少し大きめの生物

☐ ➡ ☐ ➡ ☐ ➡ ☐

大きめの生物

☐ ➡ ☐ ➡ ☐

水中の生物

☐ ➡ ☐ ➡ ☐

結果からわかったこと

- -

- -

まとめ

- -

- -

- -

ワークシート③	月　日　天気　　　気温　　　℃
生物と環境	年　　組　　名前

めあて　　　生物は空気を通してどのように関わっているのか調べよう

復習

① 植物の葉に日光が当たると，空気中の　　　　　　　を取り入れて　　　　　　　を出す（でんぷんを作る）。

② 動物は空気中の　　　　　　　を吸って　　　　　　　を出して呼吸を行う（活動をする）。

③ 植物も生きている限り，動物と同じように　　　　　　　を吸って　　　　　　　を出す呼吸を行っている。

植物は常に　　　　　　　を行っているが，日光が当たると　　　　　　　を使って　　　　　　　を作り，　　　　　　　をいっぱい出すので①だけ行っているように見える。

ワークシート④	月　日　天気　　　気温　　　℃
生物と環境	年　　組　名前

めあて	自然との関わりについて調べよう

問い　生物が生きていくために必要なものは何か

予想

理由

まとめ

ワークシート⑤	月　　日　天気　　　　気温　　　℃
生物と環境	年　　組　名前
めあて	人間は水とどのように関わっているか調べよう

問い1　水はなくならないか

予想1

理由

問い2　水をどのように使っているか

予想2

資料調べ・まとめ

ワークシート⑥	月　　日　天気　　　　気温　　　℃

| 生物と環境 | 年　　組　名前 |

めあて　人間は空気とどのように関わっているか調べよう

問い1　二酸化炭素は増えていくか

予想1

理由

問い2　二酸化炭素を減らす方法はあるか

予想2

資料調べ・まとめ

ワークシート⑦　　　　月　　日　天気　　　　気温　　　℃

生物と環境

年　　組　名前

| めあて | 人間は食べ物とどのように関わっているか調べよう |

問い1　日本の食糧自給率は何％か

予想1

理由

問い2　フード・アクション・ニッポンとは何か

資料調べ・まとめ

| ワークシート⑧ | 月　日　天気　　　気温　　℃ |

| 生物と環境 | 年　組　名前 |

| めあて | 地球が奇跡の星と呼ばれる理由は何か |

問い1　地球に生命が住めるのはなぜか

予想1

資料調べ・まとめ

問い2　地球環境を守るために，人間ができることは何か

資料調べ・まとめ

5 月と太陽

月や太陽，他の星々がなぜ光って見えるかを考え，理解するところからスタートします。太陽の動画を見せて，熱と光を与えてくれることを確認させます。月齢変化については，数種類の月があるという誤認識があるので，自分を地球として，月のモデルを動かすことで理解させます。月や太陽を望遠鏡などで観察することは難しいので，観測衛星からの画像や動画などを提示して，理解を図ります。月食や日食は，偶然生まれた絶妙な距離と大きさの関係で起こる現象であることも理解させたいものです。

育成する資質・能力

【知識及び技能】

月と太陽の特徴を知るとともに，月が輝いている側に太陽があり，月の形の見え方は，太陽と月との位置関係によって変わることを理解する。

【思考力，判断力，表現力等】

月の形の見え方について追究する中で，月の位置や形と太陽の位置との関係について，より妥当な考えをつくりだし，表現する。

【学びに向かう力，人間性等】

より妥当な考えをつくりだす力や主体的に問題解決しようとする態度を育成する。

単元の構成　※丸付数字はワークシートの番号

第一次　太陽と惑星
第1時　自ら光っている星…①

第二次　いろいろな月の形
第1時　月の形の見え方…②
第2時　月と太陽の位置関係…③

第三次　月と太陽
第1時　月と太陽の特徴…④

解説とワークシートの解答

第一次 第1時 ワークシート① 「自ら光っている星」

目標 太陽系の星々の中で，自ら光を発しているのは太陽だけであること，他の星は，太陽に照らされて光って見えることを理解する。

準備物
- □太陽系の画像
- □太陽の動画
- □お天気アニメーター

授業の流れ

① 太陽系の星の中で，自ら光り輝いている星はどれか考え，話し合う。

↓

② 太陽の動画を見て，太陽だけが光と熱を出していることを理解する。

↓

③ 地球も，太陽に照らされて半分だけが光っていることを知る。

指導のポイント

- 月齢変化で押さえる基本は，月が太陽に照らされ，半分だけが光って見えることです。
- 太陽系の画像を提示し，光を発している星はどれか問います。
- できれば部屋を暗くし，太陽の部分に電球などを当てがい，地球も含めた惑星が「見える」ことを確認します。
- 電気を消すと惑星は「見えなく」なります。
- 宇宙は暗黒の世界で，燃えている太陽に照らされて，惑星が光って見えることを確認させます。
- お天気アニメーターの「全球」を動かすと，昼・夜の関係で「三日地球，半地球，満地球」が確認できます。

ワークシート① 9月8日 天気 晴れ 気温 31℃
月と太陽　6年 1組 名前 高田 昌慶
めあて　自ら光っている星は，いくつあるか考えよう

 問い 太陽系(太陽・水星・金星・地球・火星・木星・土星・天王星・海王星)の中で，自分で光を出している星は，いくつあるでしょう

予想 金星。木星。火星。地球以外，全部光っている。太陽だけ光っている。

結果 光っているのは，太陽だけ。

 ポイント
- ◎光っている星は，(燃えている)。
- ○(燃え)て，(光と熱)を出している。
- ○他の星は，(太陽の光)を(反射)している。
- ○(光って)見えるのは，(半分)だけ。
- ●(地球)も，(半地球)や(満地球)に見える。

わかったこと 燃えていないと光が出ない。燃えていたら，生物は住めない。宇宙は暗黒で，太陽がなかったら，どの星も見えない。

第二次 第1時 ワークシート② 「月の形の見え方」

目標 月モデルを，地球に見立てた自分の周りで動かすことにより，月が1つでも様々な形に変わって見えることを理解する。

準備物
- □月モデル
- □太陽の画像

授業の流れ

① 月の数は何個あるか，考えて話し合う。

↓

② 月モデルを自分地球の周りで少しずつ動かし，明るい部分の見え方を比べる。

↓

③ 月の位置が変わると，三日月や半月など様々な形に見えることを理解する。

指導のポイント

- 100円ショップの6cm発泡スチロール球を水性マーカーで黄・黒半々に塗り分け，竹串を刺して月モデルとします（子どもの数だけ準備）。
- 黒板に太陽のポスターや絵を貼ります。月が6cmなら，太陽は24mもあるので，黒板のある壁全部が太陽だと意識させます。
- その太陽に照らされて月は半分だけ光っているので，月の位置を変えても，黄色い部分が常に黒板の方を向いているよう，指先で竹串を捻って調節するよう指導します。
- 座って自分（地球）を回転させ，見える月の形が変わっていくことを確認させます。

ワークシート② 9月18日 天気 晴れ 気温 28℃
月と太陽　6年 1組 名前 高田 昌慶
めあて　月の数は，何個あるか調べよう

 問い 月には，三日月・半月・満月などがありますが，数は何個あるでしょう

予想 4個。5個。6個。新月もある。月の数は1個だけ。

実験 黄色と黒色にぬった月モデルを，自分(地球)の周りで回してみましょう。

☆ 黒板全面が太陽です。黒板(太陽)の方が，いつも黄色になるように，両手の指先で，少しずつ竹ぐしをねじって調節しましょう。

① 黒板の方に月モデルを向ける → 新月。
② 左に45°ぐらい回転する → 三日月。
③ 左に90°回転 → 右半月。
④ 左に180° → 満月に見えます。
⑤ 左に270° → 左半月。
⑥ 左に360°回転 → 新月にもどります。

わかったこと 月は太陽に照らされて，半分だけ光って見える。月の数は1個でも，太陽との位置関係が変わると，形が変わって見える。

5 月と太陽

解説とワークシートの解答

第二次 第2時 ワークシート③ 「月と太陽の位置関係」

目標 月モデルと自分地球の体験をもとにして，月の位置が変わることで，地球から見える月の形が変わっていくことを，絵に描いて理解する。

準備物
- □ 月モデル
- □ 黄色鉛筆

授業の流れ

月モデルを動かし，月の形が変わって見えることを追体験する。

↓

8つの位置で，それぞれ月がどんな形に見えるか，確かめてから描き込む。

↓

③月齢が約1か月で一巡することや，昔の暦で1か月が意味することなどを知る。

指導のポイント

- 内側の8つの月すべての太陽側半分を黄色に，反対側を黒色（か斜線）に塗ります。
- 月モデルを黒板（太陽）の方にかざし，明るい部分が見えない新月を描きます。
- 左に90°回転し右半月を描きます。
- 180°回転すると満月，270°で左半月と，モデルで確認しながら描き込んでいきます。
- 残り4つについては紙を回転させ，自分地球から見た明・暗の割合に注意して，見える形を描き込ませます。
- 約29.5日で月齢が一巡し，新月から新月までを1か月としていたことを知らせます。

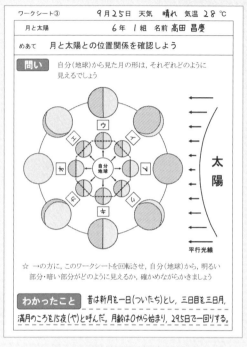

第三次 第1時 ワークシート④ 「月と太陽の特徴」

目標 月と太陽の表面の様子について，違いや共通点を知るとともに，太陽から受ける恩恵について理解する。

準備物
- □ 月の画像（表・裏）
- □ 太陽の画像・動画

授業の流れ

①月の表面の様子について知る。

↓

月の模様が見える理由を知る。

↓

太陽の表面の様子を知り，地球に対する恩恵を考える。

指導のポイント

- 月の表面には，大小様々なクレーターが存在していることを確認させます。
- 月には大気がないので，隕石が直接激突していること，その跡（クレーター）は消えないことを知らせます。
- 地球から見た裏側の方にクレーターが多いことに気づかせます。
- 月の黒っぽい部分は，大きな隕石の激突によって，溶けた月内部の岩石（玄武岩）が流れ出したものであることを知らせます。
- 太陽は燃えて熱と光を出しているが，地球はハビタブルゾーンにあるので，適当な温かさと明るさを与えられていることを理解させます。

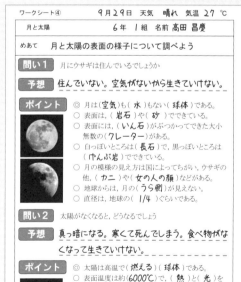

ポイント解説

指導のアイデアとコツ

光の当て方による見え方の変化

正しい位置関係ではないことを後で教えるとして，まず光の当て方や見る角度を変えることで，1個の月モデルだけで，様々な形に「見える」ことを体験的に理解させたいと思います。4cmの発泡スチロール球に竹串を刺し，ゴム栓に立てています。LED電灯は明るすぎるので，黄色いセロハンを5枚重ねしています。新月→三日月→右半月→満月（手を持ち替えて）→左半月→27日月→新月に見えるように，太陽ライトを動かします。

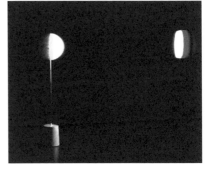

月の模様

月の白い部分は「陸」，黒い部分は「海」とされていますが，白い部分は元からあった長石です。黒い部分は，大きな隕石が激突し，月内部から溶けて流れ出した玄武岩です。岩石の違いが色の違いなのです。月の模様はウサギとは限らず，国によって見え方に違いがあります。月が常に模様のある方を地球に向けているのは，そちらに重心が偏っていて，月の自転が公転と同じだからです。

日食の仕組み

日食は珍しい現象ですが，極めて稀な，距離と大きさとの関係で成り立つ現象であることを，数値を示して納得させたいと思います。地球から太陽までの距離（約1億5000万km）は，月までの距離（約38万km）の約400倍。太陽の直径（約140万km）は，月の直径（約3500km）の約400倍。地球から見た視直径がほぼ同じになるので，小さな月が大きな太陽を遮れるのです。

木漏れ日
金環日食

月食の楽しみ方

地球の直径（約12700km）は，月の直径（3500km）の約4倍なので，地球の影に月がすっぽり入って月食が起こります。見所その①は，皆既月食で見られる赤銅色です。地球の夕焼け・朝焼けが投影されて，黒いはずの月面が赤っぽく見えます。その②は，ターコイズフリンジです。皆既直前や皆既明け直後に，青っぽいベルトが見えるのです。(http://weathernews.jp/s/eclipse2015/)

ワークシート①	月　日　天気　　　気温　　　℃
月と太陽	年　組　名前
めあて	自ら光っている星は，いくつあるか考えよう

問い　太陽系（太陽・水星・金星・地球・火星・木星・土星・天王星・海王星）の中で，自分で光を出している星は，いくつあるでしょう

予想

結果

ポイント

◎光っている星は，(　　　　　)。
○(　　　)て，(　　　　)を出している。
○他の星は，(　　　　)を(　　　)している。
○(　　　)見えるのは，(　　　)だけ。
●(　　　)も，(　　　)や(　　　)に見える。

わかったこと

ワークシート②　　　　　　　月　　日　天気　　　　気温　　　℃

月と太陽　　　　　　　　年　　組　名前

めあて　月の数は，何個あるか調べよう

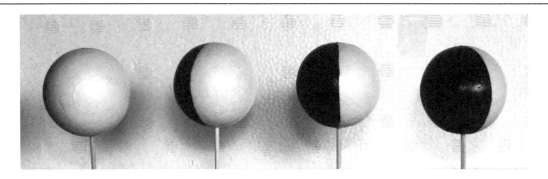

問い　月には，三日月・半月・満月などがありますが，数は何個あるでしょう

予想　------------------------------

実験　黄色と黒色にぬった月モデルを，自分（地球）の周りで回してみましょう。

☆ 黒板全面が太陽です。黒板（太陽）の方が，いつも黄色になるように，両手の指先で，少しずつ竹ぐしをねじって調節しましょう。

① 黒板の方に月モデルを向ける → 新月。
② 左に45°ぐらい回転する → 三日月。
③ 左に90°回転 → 右半月。
④ 左に180° → 満月に見えます。
⑤ 左に270° → 左半月。
⑥ 左に360°回転 → 新月にもどります。

わかったこと　------------------------------

ワークシート③　　　　　月　　日　天気　　　　気温　　　℃

月と太陽　　　　　　　年　　組　名前

めあて　月と太陽との位置関係を確認しよう

問い　自分（地球）から見た月の形は，それぞれどのように見えるでしょう

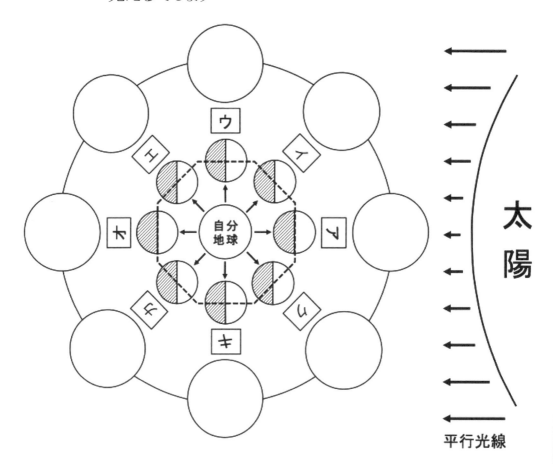

平行光線

☆　→の方に，このワークシートを回転させ，自分（地球）から，明るい部分・暗い部分がどのように見えるか，確かめながらかきましょう

わかったこと

ワークシート④　　　　　　月　　日　天気　　　　気温　　　℃

| 月と太陽 | 年　　組　名前 |

めあて　月と太陽の表面の様子について調べよう

問い1　月にウサギは住んでいるでしょうか

予想

ポイント

◎ 月は(　　)も(　　)もない(　　　)である。
○ 表面は,(　　　)や(　　　)でできている。
○ 表面には,(　　　　)がぶつかってできた大小無数の(　　　　)がある。
○ 白っぽいところは(　　　)で,黒っぽいところは(　　　　)でできている。
○ 月の模様の見え方は国によってちがい,ウサギの他,(　　　)や(　　　　　)などがある。
○ 地球からは,月の(　　　　)が見えない。
○ 直径は,地球の(　　　　)ぐらいである。

問い2　太陽がなくなると,どうなるでしょう

予想

ポイント

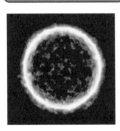

◎ 太陽は高温で(　　　　)(　　　　)である。
○ 表面温度は約(　　　　)で,(　　　)と(　　　)を出している。
○ 地球に,ちょうど良い(　　　　)と(　　　　)をあたえてくれている。
○ 直径は,地球の約(　　　　)倍もある。

6 土地のつくりと変化

土地のつくりと変化の単元は地域性に大きく依存します。筆者が以前務めていた学校はビジネス街にできた新設校で，学区には当然ながら露頭はなく，運動場も造成されたものでいくら掘っても地層も何もでてこない学校でした。しかし，そんな学校だからこそいろいろと工夫して体験的な授業を考えることができました。以下では天然の露頭のない地域での学習について紹介しますが，もし学区に適当な地層が見られる所があるならば，ぜひ本物を見せてあげてください。

普段じっとして動かないように見える山や大地も，とても長い時間の中では持ち上げられたり，削られたり，運ばれたり，積もったりしながら絶えず形を変えています。人間の及ばない長い時間と空間，そして計り知れないほど巨大なエネルギーに触れることで，自然の雄大さや人間のちっぽけさに気付いてほしいと思います。自然の仕組みを学ぶことで謙虚な気持ちになる，そんな学習になるといいですね。

育成する資質・能力

【知識及び技能】

土地は，礫，砂，泥，火山灰などからできており，層をつくって広がっていたり，化石が含まれていたりするものがあること。地層は流れる水の働きや火山の噴火によってでき，土地は地震などによって変化することを理解する。

【思考力，判断力，表現力等】

土地のつくりと変化について追究する中で，より妥当な考えをつくりだし，表現する。

【学びに向かう力，人間性等】

土地のつくりやでき方を多面的に調べる活動を通して，主により妥当な考えをつくりだす力や主体的に問題解決しようとする態度を育成する。

単元の構成
※丸付数字はワークシートの番号

第一次 大地はどのようにできているのか
- 第1時 地面の下について想像する…①
- 第2時 地層の広がり方を調べる…②
- 第3時 れき・砂・どろを分けてみる…③
- 第4時 地層の粒を観察する…④

第二次 地層ができる仕組みを調べる
- 第1時 水のはたらきで地層をつくる…⑤
- 第2時 火山でできた地層を調べる…⑥

第三次 大地の変化を調べてまとめる
- 第1時 大地の変化を調べてまとめる…⑦

解説とワークシートの解答

第一次 第1時 ワークシート① 「地面の下について想像する」

目標 地面の下の想像図を描く活動を通して，大地について興味をもち，調べていきたいという気持ちを喚起する。

準備物 □ワークシート

授業の流れ

①大地について学習することを知り，経験や知っていることを話し合う。
↓
②ワークシートに地面の下の想像図を描く。
↓
③大地の学習で何を明らかにしていくのか見通しをもつ。

指導のポイント

● 本時にかかわらず，新しい単元を学習する時にはレディネス調査をしておくと，授業の展開を考えるのに役立ちます。右下の絵を描いた子は塾や通信教育で知識をすでにもっています。しかし，それらは実感をともなっていない知識であり，体験活動を取り入れてあげることが必要です。
● このワークシートは絵や図で表す描画法ですが言葉でレディネスを調べる方法もあります。例えば，大地について知っている言葉を書こうと課題を出し，思いついた単語を書き上げてもらう。その言葉の内容と量から，既存の知識を知る方法です。

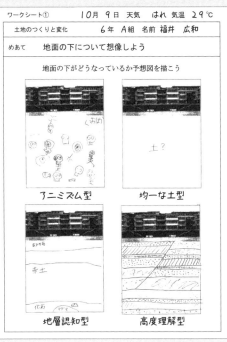

第一次 第2時 ワークシート② 「地層の広がり方を調べる」

目標 地面に2つの穴を掘り，その間の様子を予想して確かめる活動を通して，地層は立体的に広がっていることに気付くことができるようにする。

準備物 □スコップ

授業の流れ

①校庭に穴を2つ掘りしま模様を観察し，似ているところを考える。
↓
②2つの穴の間がどうなっているか想像しワークシートに図を描く。
↓
③2つの穴の間を掘り予想と同じかどうか確かめる。

指導のポイント

● 地層の学習の目標は「時間・空間概念」を育てることです。例えば，本時で試掘した2つの穴に見られるしま模様はそのままだと「点」として別々に存在するものですが，これらの間を掘ってつなげることで「線」としてつながっていることが分かり，別方向にあるもう一つの穴とつなげれば「面」としての広がりが理解できます。そして，それらを深く掘ることで立体的な奥行きのある空間概念として認識できるようになるのです。また，地層の成り立ちを考えることで下に掘れば掘るほど古い時代に積もった地層であることが分かるようになります。

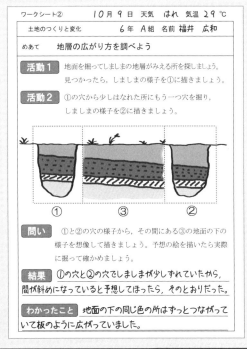

6 土地のつくりと変化 — 解説とワークシートの解答

第一次 第3時 ワークシート③ 「れき・砂・どろを分けてみる」

目標 礫岩・砂岩・泥岩と校庭の土から分けた礫・砂・泥を見比べる活動を通して，岩石の粒の様子やその成り立ちについて興味を持つことが出来るようにする。

準備物
 礫岩　□砂岩　□泥岩　□校庭の土
□セロハンテープ　□ピンセット

授業の流れ

① 礫岩・砂岩・泥岩を粒の形や大きさに注目して観察する。

↓

② 校庭の土を大きさにより礫・砂・泥に分類し，ワークシートに貼る。

↓

③ 礫岩・砂岩・泥岩の成り立ちについて想像する。

指導のポイント

- 本時は，まず礫岩・砂岩・泥岩を観察し，次に校庭から一握りの土を取ってきて大きさ順に分別する作業をします。
- 礫岩の中にある角のとれた丸い石を発見することをきっかけに，5年生の「流れる水のはたらき」と関連付けながら，これらの岩石が含まれた地層は昔は水の中にあったのではないか，また川の上流・中流・下流でできたのではないか，などと推論します。
- 下の活動は地味ですが，児童は結構はまります。黙々と仕分けします。最後に残った粉が「どろ」です。

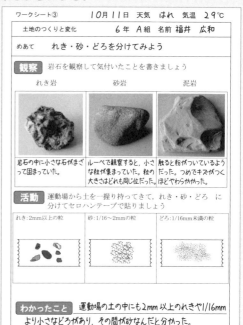

第一次 第4時 ワークシート④ 「地層の粒を観察する」

目標 学校にあるボーリング試料を深さごとに観察する活動を通して，実際の地層も立体的に広がっていることに気付くことができるようにする。

準備物
 ボーリング試料

授業の流れ

① ボーリング試料とは何かを知り，手にとって観察する。

↓

② ボーリング試料の中身を礫・砂・泥に分類する。

↓

③ 分類した結果を深さごとにワークシートに記録する。

指導のポイント

- 1次2時に校庭に穴を掘って模擬的な地層の観察をしたのとは違って，今度は本格的な地質の観察です。
- ボーリング試料は，校舎などを建てる時に必ず地質調査をするので，たいていの学校にあるはずです。理科室になくても校長室などに保管されているかも知れません。一度探してみるといいでしょう。
- 活動に必要な数が十分に確保できない時は近隣の小学校・中学校の理科担当の先生と協力してシェアしましょう。学習の時期をずらして交代で学習すれば他の学校の先生達も喜んでくれるはずです。

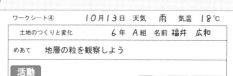

ワークシート④　10月13日　天気　雨　気温　18℃
土地のつくりと変化　6年　A組　名前　福井　広和

めあて　地層の粒を観察しよう

活動　学校にあるボーリング試料を観察し，それぞれの深さごとに地層を作っている物の様子を調べよう。

【ボーリング試料】建物を建てる時などに，地下の様子を知るために機械で地面にパイプを打ち込み，引き出した時にパイプの中に残った土や石などを深さごとに分けて保存したもの。

深さ	ボーリング①	ボーリング②	ボーリング③
1.15m	れき	れき	コンクリート
5.25m	砂		砂
5.75m	砂	砂	
9.2m	どろ	どろ	どろ
13.0m	れき		れき

わかったこと　校舎を建てた時の3か所のボーリング試料を見ると，同じ深さの所にはだいたい同じものがあった。

解説とワークシートの解答

第二次 第1時 ワークシート⑤ 「水のはたらきで地層をつくる」

目標 水を入れた円筒に土砂を流し込んで地層を作る活動を通して，土砂は重い物から沈み，それらが幾重にも重なることで地層ができることを推察することができるようにする。

準備物
- □水槽　□ビーカー
- □円筒　□校庭の土

授業の流れ

①水を入れた円筒に土砂を流し込み，沈んでいく様子を観察する。

↓

②再度土砂を投入し，そこに土砂がつもる様子を観察する。

↓

③水の働きで地層ができる仕組みについて想像しワークシートにまとめる。

指導のポイント

- 洪水などで大量の土砂が流され，湖などの水中に流れ込む時，れき・砂・どろは重さが違うため大きい物から順々に沈んでいきます。このように粒子の大きさによって順に層ができることを「級化層理」と言います。実際の地層を観察しても，それぞれの層の中で級化層理が生じていることが分かります。
- 級化実験はある程度深さのある止水が必要です。理科室に適当なガラス円筒が無い場合には100円ショップに売られているプラスチックのパスタケースがオススメです。透明で中が見え，深さも十分なのに軽量で扱いやすいです。

ワークシート⑤　10月16日　天気　雨　気温 16℃
土地のつくりと変化　6年 A組 名前 福井 広和
めあて　水のはたらきで地層をつくろう

活動
①水そうの中に円筒を立て，水をいっぱいに入れます。
②土に水を加えてドロドロにして，円筒に流し込みます。
③しばらくして水が透き通ったら，もう一度ドロドロの土を流し込みます。

観察1　土が水の中を落ちていく様子を観察しましょう。
最初にれきがバラバラ落ちていき，その後をすぐに砂が落ちていった。全体的にごったけど5分くらいで透明になった。

観察2　水が透き通った後，底にたまった土がどうなっているか観察しましょう。
1番下にれきがあって，その上に砂，粘土がつもっていた。2回目に落としたものも同じ順番でその上につもっていた。

考えよう　水の働きで地層ができる仕組みを考えましょう。
洪水などで上流の土砂が池などに流れてきた時に，まずれきが沈み，その上に砂，粘土の順につもる。これが何回もおきてしましまの地層ができたんだと思う。

第二次 第2時 ワークシート⑥ 「火山でできた地層を調べる」

目標 火山の働きでできた石と水の働きでできた石の粒の様子を比べる活動を通して，地層は火山や水の働きによってできていることに気付くことができるようにする。

準備物
- □溶岩　□ルーペ
- □化石の含まれた石

授業の流れ

①火山の働きでできた岩石を粒の様子に注目して観察する。

↓

②化石の含まれる岩石を粒の様子に注目して観察する。

↓

③岩石には火山や水の働きでできたものがあることをワークシートにまとめる。

指導のポイント

- 地層のでき方には2通りあり，一つは前時に調べた水の働きによるもの。もう一つは本時の火山の働きでできたものです。
- 地層が水の働きでできたか火山の働きでできたかは，層に含まれるれきの形で分かります。丸いれきが含まれていたら水の働きでできたもの，角がとがっていたら火山の働きによるものです。また，化石が入っていたら，その地層は水の働きでできたと推論できます。
- 子どもたちは「化石」が大好きです。何億年も昔の生物が石になって私たちの目に触れているというだけで何だかロマンを感じます。

ワークシート⑥　10月18日　天気　くもり　気温 20℃
土地のつくりと変化　6年 A組 名前 福井 広和
めあて　火山でできた地層を調べよう

観察　火山の働きでできた岩石をルーペで観察しましょう。

わかったこと
全体的にゴツゴツしていて，さわると痛かった。ルーペで見たら，粒がどこもとがっていた。

問い　化石が入っている岩石の様子はどうなっているか。

予想
化石の入っている岩石の粒はとがっていないと思う。

理由　化石に入っているのは生き物で，生き物は火山の中では生きられないから，火山のはたらきでできた石とは違う。

結果
泥岩のようにすべすべでやわらかく，粒が小さかった。

わかったこと
岩石の中には火山のはたらきと水のはたらきでできたものがあり化石の入っている岩石は水のはたらきでできたものだ。

077

6 土地のつくりと変化

解説とワークシートの解答

第三次 第1時 ワークシート⑦「大地の変化を調べてまとめる」

目標 火山の噴火や地震などを調べてまとめる活動を通して、大地は長い年月の間で変化し続けていることに気付くことができるようにする。

準備物
- □図書資料 □新聞
- □パソコン □模造紙
- □マジック

授業の流れ

① 地震や火山の活動について知りたいことを決めて資料を探す。

② 集めた資料をもとに伝えたいことを考え、ワークシートに構想を書く。

③ 理科新聞を作ったりパソコンでプレゼンを作成したりして発表する。

指導のポイント

- 本時は、大地の変化について調べ、まとめ、伝えるための計画をたてる時間です。この後個別に分かれて行う調べ学習が中身の濃いものになるよう、何をどう伝えるかをはっきりとイメージできるようにしておきます。
- ただ図鑑を丸写しにするのではなく、どんなメッセージを伝えるためにその図を用いるのか意識させます。
- ゴールは壁新聞によるポスター展示か発表会でのプレゼンとして、自分のやってみたい方を選ばせると自主的な活動につながります。

新聞作成例

ポイント解説

街中で化石を観察しよう！

「街に出て化石を探そう」と言うと、エッ？と驚く人もいるでしょう。実はデパートやホテル、銀行などの床の石材の中に化石が含まれていることがあるのです。それも巻貝やアンモナイトなどひと目でそれと分かるものがあるのです。特にバブルの時代に建てられたビルの一番目につきやすい所には外国の高級な石材が使われていることが多いので化石探しのベストポイントなのです。休日に保護者と一緒に探検に行き、自由研究としてレポートにまとめてくれた児童は、それをきっかけに理科が大好きになりました。

ワークシート①　　　　　月　　日　天気　　　　気温　　　℃

土地のつくりと変化　　　　　年　　組

めあて　　地面の下について想像しよう

地面の下がどうなっているか予想図を描こう

予想　_____

_____

ワークシート②　　　　　月　　日　天気　　　　　気温　　　　℃

土地のつくりと変化　　　　　　年　　組　名前

めあて	地層の広がり方を調べよう

活動1　地面を掘ってしましまの地層がみえる所を探しましょう。見つかったら，しましまの様子を①に描きましょう。

活動2　①の穴から少しはなれた所にもう一つ穴を掘り，しましまの様子を②に描きましょう。

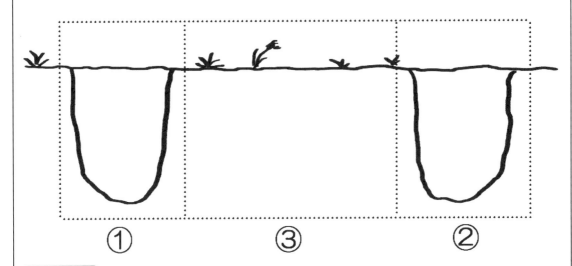

問い　①と②の穴の様子から，その間にある③の地面の下の様子を想像して描きましょう。予想の絵を描いたら実際に掘って確かめましょう。

結果 _____

_____

わかったこと _____

ワークシート③	月　　日　天気　　　　気温　　　　℃
土地のつくりと変化	年　　組　名前

めあて　れき・砂・どろを分けてみよう

観察　岩石を観察して気付いたことを書きましょう

れき岩	砂岩	泥岩

活動　運動場から土を一握り持ってきて，れき・砂・どろ に分けてセロハンテープで貼りましょう

れき：2mm以上の粒	砂：1/16〜2mmの粒	どろ：1/16mm未満の粒

わかったこと _____

ワークシート④　　　　月　　日　天気　　　　気温　　　℃

土地のつくりと変化　　　　　年　　組　名前

めあて　地層の粒を観察しよう

活動

学校にあるボーリング試料を観察し、それぞれの深さごとに地層を作っている物の様子を調べよう。

【ボーリング試料】
建物を建てる時などに、地下の様子を知るために機械で地面にパイプを打ち込み、引き出した時にパイプの中に残った土や石などを深さごとに分けて保存したもの。

深さ	ボーリング①	ボーリング②	ボーリング③

わかったこと

ワークシート⑤   月 日 天気   気温   ℃

土地のつくりと変化   年 組 名前

めあて　水のはたらきで地層をつくろう

活動

①水そうの中に円筒を立て，水をいっぱいに入れます。
②土に水を加えてドロドロにして，円筒に流し込みます。
③しばらくして水が透き通ったら，もう一度ドロドロの土を流し込みます。

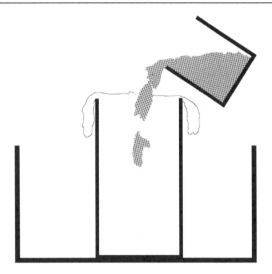

観察1
土が水の中を落ちていく様子を観察しましょう。

_____

_____

観察2
水が透き通った後，底にたまった土がどうなっているか観察しましょう。

_____

_____

考えよう
水の働きで地層ができる仕組みを考えましょう。

_____

_____

_____

ワークシート⑥	月　日　天気　　　　気温　　　℃
土地のつくりと変化	年　　組　名前

めあて　火山でできた地層を調べよう

観察　火山の働きでできた岩石をルーペで観察しましょう。

わかったこと

_____
_____
_____

問い　化石が入っている岩石の様子はどうなっているか。

予想

_____

理由

_____
_____

結果

_____
_____

わかったこと

_____
_____

ワークシート⑦	月　日　天気　　　気温　　　℃
土地のつくりと変化	年　組　名前

めあて	大地の変化を調べてまとめよう

問い　私たちの生きている大地は長い年月の中で変化しています。どのような働きが大地を変えているのでしょうか？

7 てこの規則性

7 てこの規則性

人類がまだガソリンエンジンも電気も知らなかった太古において，人々はどうやって巨大な石を積み上げてピラミッドを造ったのだろうか？「てこ」は，たった1本の棒を用いるだけで大きな力を人類に与えてくれる先人のすぐれた知恵です。また，「てんびん」は，物々交換で同じ価値の物しか欲しい物を得られなかった人類に，物をはかり，正確に分ける手段を与えてくれ，経済活動の基盤を作ってくれました。このように，「てこ」や「てんびん」は人類が獲得した知恵の中でももっとも古くて役に立つ科学技術の一つなのです。

育成する資質・能力

【知識及び技能】

力を加える位置や力の大きさを変えると，てこを傾ける働きが変わり，てこがつり合うときにはそれらの間に規則性があること，また身の回りには，てこの規則性を利用した道具があることを理解する。

【思考力，判断力，表現力等】

てこの規則性について追究する中で，力を加える位置や力の大きさとてこの働きとの関係について，より妥当な考えをつくりだし，表現する。

【学びに向かう力，人間性等】

てこの働きを多面的に調べる活動を通して，より妥当な考えをつくりだす力や主体的に問題解決しようとする態度を育成する。

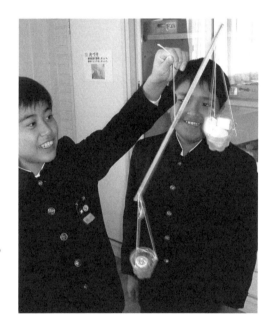

単元の構成　※丸付数字はワークシートの番号

第一次 棒を使って重い物を持ち上げる
　第1時　小さい力で持ち上げるにはどうすればいいか…①
　第2時　手ごたえで調べる…②
　第3時　「実験用てこ」できまりを調べる…③
　第4時　つりあいを計算して確かめる…④

第二次 てこを使った道具
　第1時　てこを使った道具を調べる…⑤
　第2時　輪じくについて考える…⑥
　第3時　てんびんを作って重さをはかろう…⑦

解説とワークシートの解答

第一次 第1時 ワークシート① 「小さい力で持ち上げるにはどうすればいいか」

目標 棒を使って砂袋を持ち上げる活動を通して、小さい力で物を持ち上げることに興味をもつとともに、「支点・力点・作用点」という用語について知る。

準備物
□棒　□砂袋
□枕木（支点）

授業の流れ

①重い物を動かす働きについてこれまでに学習したことや経験について思い出す。

②棒を用いて砂袋を持ち上げた時の手ごたえについて確かめる。

③てこについての用語を知り、ワークシートにまとめる。

指導のポイント

●本時は、てこの学習の導入です。簡単には持ち上がらない砂袋を使って、てこのすごさを体感させます。「てこ・支点・力点・作用点」という新しい言葉は最初に教えてしまいます。そうすることで教師が指示を与えたり子どもたちが話し合ったりすることがスムーズにいくようになります。新しいテクニカルターム（術語）が子どもたちは大好きで、普段の生活の中で使いたがります。

●棒は体育の表現運動などで使う丈夫なものを用います。おもりはポリ袋に乾いた砂を入れ、何重にもポリ袋で覆い、絶対に砂がこぼれないようにします。

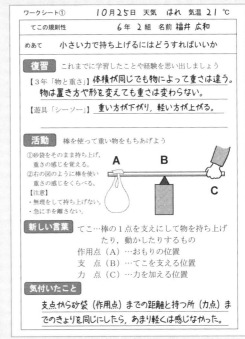

ワークシート①　10月25日　天気 はれ　気温 21℃
てこの規則性　　6年 2組 名前 福井 広和
めあて　小さい力で持ち上げるにはどうすればいいか

復習 これまでに学習したことや経験を思い出しましょう
【3年「物と重さ」】体積が同じでも物によって重さは違う。物は置き方や形を変えても重さは変わらない。
【遊具「シーソー」】重い方が下がり、軽い方が上がる。

活動 棒を使って重い物をもちあげよう
①砂袋をそのまま持ち上げ、重さの感じを覚える。
②右の図のように棒を使い重さの感じをくらべる。
【注意】
・無理をして持ち上げない。
・急に手を離さない。

新しい言葉
てこ…棒の1点を支えにして物を持ち上げたり、動かしたりするもの
作用点（A）…おもりの位置
支点（B）…てこを支える位置
力点（C）…力を加える位置

気付いたこと
支点から砂袋（作用点）までの距離と持つ所（力点）までのきょりを同じにしたら、あまり軽くは感じなかった。

第一次 第2時 ワークシート② 「手ごたえで調べる」

目標 支点から作用点・力点までの距離を変えて手ごたえを確かめる活動を通して、てこを用いると同じおもりでも手ごたえが変わることに気付くことができるようにする。

準備物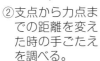
□棒　□砂袋
□枕木（支点）

授業の流れ

①支点から作用点までの距離を変えた時の手ごたえを調べる。

②支点から力点までの距離を変えた時の手ごたえを調べる。

③実験でわかったことをワークシートにまとめる。

指導のポイント

●3年生の「物と重さ」で、物の重さは形や置き方を変えても変わらないと学習しました。しかし、物を持ち上げるのに必要な力は持ち上げ方によって変化するのです。
同じ棒と砂袋を用いても、支点から作用点・力点の距離を変えると重くなったり軽くなったりします。この不思議な現象をダイナミックに体感させることが次時以降の物理法則を導く学習への原動力となります。特に原体験が少なくなっている現代の子供たちには理科の導入時に可能な限り五感を通した活動を取り入れていくことが重要になっています。

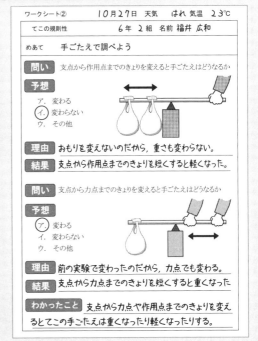

ワークシート②　10月27日　天気 はれ　気温 23℃
てこの規則性　　6年 2組 名前 福井 広和
めあて　手ごたえで調べよう

問い 支点から作用点までのきょりを変えると手ごたえはどうなるか
予想
ア．変わる
㋑．変わらない
ウ．その他

理由 おもりを変えないのだから、重さも変わらない。
結果 支点から作用点までのきょりを短くすると軽くなった。

問い 支点から力点までのきょりを変えると手ごたえはどうなるか
予想
㋐．変わる
イ．変わらない
ウ．その他

理由 前の実験で変わったのだから、力点でも変わる。
結果 支点から力点までのきょりを短くすると重くなった
わかったこと 支点から力点や作用点までのきょりを変えるとてこの手ごたえは重くなったり軽くなったりする。

7 てこの規則性

解説とワークシートの解答

第一次 第3時 ワークシート③ 「『実験用てこ』できまりを調べる」

目標 実験用てこを用いて両腕がつり合う場合を調べる活動を通して，てこを傾ける働きは「力の大きさ×支点からの距離」で計算できることに気付くことができるようにする。

準備物
- □実験用てこ
- □おもり

授業の流れ

①実験用てこを用いて左右のうでがつり合う場合を調べる。

↓

②意見を交流し，てこがつり合う場合はひとつではないことを知る。

↓

③てこがつり合う時のきまりをワークシートにまとめる。

指導のポイント

●前時は重い砂袋を持ち上げるダイナミックな実験で，てこのはたらきを体感しました。本時は実験用てこを使い，てこがつり合う時のきまりを調べます。

●てこをかたむけるはたらきは「力の大きさ×支点からの距離」というシンプルな数式で表すことができます。目の前の現象が計算通りにピタッと合った時の気持ちよさは物理ならではの醍醐味です。しかし，具体的な事象から数学的なきまりを見つける思考過程は，慣れない子どもにとっては意外に難しいものです。グループで知恵を出し合いながら取り組ませると楽しくできます。

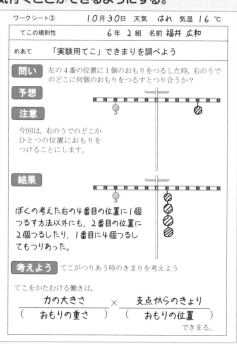

第一次 第4時 ワークシート④ 「つりあいを計算して確かめる」

目標 どうすればてこがつり合うか「力の大きさ×支点からの距離」で計算して予想を立て実験用てこで確かめることができるようにする。

準備物
- □実験用てこ
- □おもり

授業の流れ

①てこがつり合う場合を計算を使って予想する。

↓

②実験用てこを使って本当につり合うか確かめる。

↓

③いろいろな場合を調べて結果をワークシートに記録する。

指導のポイント

●本時は前時に見つけたてこのきまりを応用する活動です。前時はひとつの位置につるす方法だけ考えましたが，今回は複数の位置につるしてもよいことにします。

●子どもたちはグループごとで競い合ってつるす位置を考えます。考えてうまくいったものは黒板に書いてあげましょう。一通り出てきたら，前時の計算方法で説明ができるか，クラスみんなで確かめていきます。

●2か所，3か所につるした場合でも（力の大きさ×支点からの距離）の足し算で計算できることが分かります。

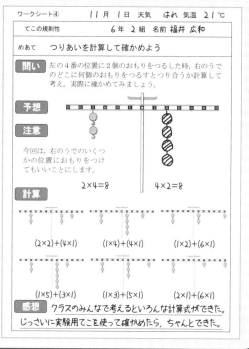

解説とワークシートの解答

第二次 第1時 ワークシート⑤ 「てこを使った道具を調べる」

目標 3種類のてこを用いた道具を調べてそれぞれの「支点・力点・作用点」の位置を明らかにし，目的に応じててこがうまく利用されていることに気付くことができるようにする。

準備物 □ペンチ □はさみ □ピンセット □栓抜き □釘抜き

授業の流れ

①身の回りにあるてこを利用した道具を見つける。

②それぞれの道具の支点・力点・作用点がどこなのか考える。

③てこを利用した道具の仕組みについてワークシートにまとめる。

指導のポイント

●本時は身の回りからてこのはたらきを利用した道具を探し，その道具において，支点・力点・作用点がどこに当たるのかを考えさせます。また，支点が力点と作用点の間にあるものだけではなく，力点や作用点の外側にあるてこについても考えていきます。てこは動力を使わず，大きな力を生み出すことのできる優れたはたらきですが，支点の位置を変えることで，ピンセットのように大きな力を小さくしてコントロールすることもできるのです。てこの繊細な一面を紹介することで子どもの見方・考え方を広げていきます。

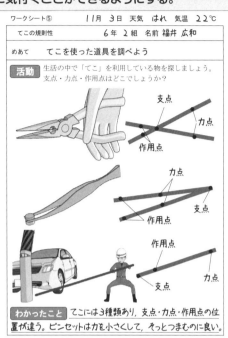

ワークシート⑤　11月 3日　天気 はれ　気温 22℃
てこの規則性　6年 2組 名前 福井 広和
めあて　てこを使った道具を調べよう
活動　生活の中で「てこ」を利用している物を探しましょう。支点・力点・作用点はどこでしょうか？
わかったこと　てこには3種類あり，支点・力点・作用点の位置が違う。ピンセットは力を小さくして，そっとつまむのに良い。

第二次 第2時 ワークシート⑥ 「輪じくについて考える」

目標 ドアノブの仕組みを調べる活動を通して，りん軸はてこと同じように支点から作用点・力点までの距離で力の大きさが変わることに気付くことができるようにする。

準備物 □ドアノブ

授業の流れ

①2種類のドアノブを使う様子を調べ，その仕組みを考える。

②りん軸がてこと同じような仕組みであることに気付く。

③りん軸とてこの働きをワークシートに図示してまとめる。

指導のポイント

●ドアノブにはネジで簡単に分解できるものがあります。左の図のように2種類のドアノブでも分解すると中から同じような四角い軸が現れます。これを回すとストッパーが引っ込みドアを開けることができるようになるのですが，この軸は大変硬く，指ではなかなか回すことができません。（A）のドアノブは見るからにてこを用いていることが分かりますが，（B）の方は丸くて別の物のように見えます。このように太さの違う輪を組み合わせて大きな力を得る機械を「輪軸」といいます。輪軸も単純化して見てみるとてこによく似た仕組みだと分かります。

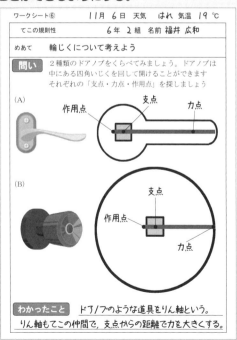

ワークシート⑥　11月 6日　天気 はれ　気温 19℃
てこの規則性　6年 2組 名前 福井 広和
めあて　輪じくについて考えよう
問い　2種類のドアノブをくらべてみましょう。ドアノブは中にある四角いじくを回して開けることができます　それぞれの「支点・力点・作用点」を探しましょう
わかったこと　ドアノブのような道具をりん軸という。りん軸もてこの仲間で，支点からの距離で力を大きくする。

7 てこの規則性

解説とワークシートの解答

第二次 第3時 ワークシート⑦「てんびんを作って重さをはかろう」

目標 2種類のてんびんを作ることで、てこが重い物を動かすだけではなく、重さを量る道具としても使われていることに気付くことができるようにする。

準備物 □棒 □糸 □プリンカップ □おもり □粘土 □クリップ □量りたい物

授業の流れ

①うでの長さが同じてんびんばかりを作り、物の重さを量る。

↓

②おもりの位置を変えて量るてんびんばかりを作り、物の重さを量る。

↓

③てこを使ったはかりの良さについて話し合う。

指導のポイント

●本時は2種類のはかりを作ります。ひとつは天秤の一方に計りたい物を他方におもりを入れてつりあわせる方法、もうひとつはおもりを動かしてつり合わせ、うでの長さの目盛りから重さを知る方法です。前者は公平さの象徴として弁護士バッジに描かれています。後者は「さおばかり」と言って、昔から商人が重さを量るのに使っていました。現在では小さな葉書などをはかる「ポストスケール」などにこのさおばかりの原理が使われているものがあります。

ポイント解説

切ったニンジンの重さは？

問い 右図のようにひもでバランスよく吊り下げられたニンジンがあります。ひもでくくった所で2つに切ると、重さはどうなるでしょう？

予想 ア．太い方が重い
イ．長い方が重い
ウ．どちらも同じ

てこをかたむける力は「重さ×支点からの距離」で決まることを学習した後でも「どちらも同じ」と予想する児童が多くいます。素朴概念を修正するのは容易ではないのです。てんびんがつり合っていても左右の重さが同じとは限らないのです。

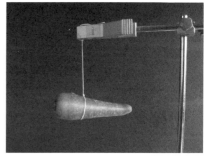

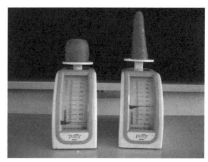

ワークシート①	月　日　天気　　　気温　　　℃

てこの規則性	年　組　名前

めあて	小さい力で持ち上げるにはどうすればいいか

復習　これまでに学習したことや経験を思い出しましょう

【3年「物と重さ」】_____

_____

【遊具「シーソー」】_____

_____

活動　棒を使って重い物をもちあげよう

①砂袋をそのまま持ち上げ，重さの感じを覚える。
②右の図のように棒を使い重さの感じをくらべる。
【注意】
・無理をして持ち上げない。
・急に手を離さない。

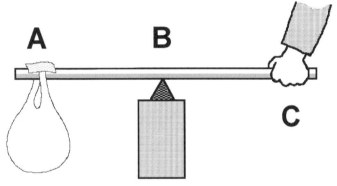

新しい言葉　てこ…棒の1点を支えにして物を持ち上げ
　　　　　たり，動かしたりするもの
　　　作用点（A）…おもりの位置
　　　支　点（B）…てこを支える位置
　　　力　点（C）…力を加える位置

気付いたこと

_____

_____

ワークシート②	月　　日　天気　　　　気温　　　℃

てこの規則性　　　　　年　組　名前

めあて　手ごたえで調べよう

問い　支点から作用点までのきょりを変えると手ごたえはどうなるか

予想

　ア．変わる
　イ．変わらない
　ウ．その他

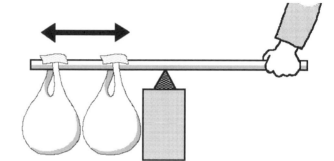

理由 _____

結果 _____

問い　支点から力点までのきょりを変えると手ごたえはどうなるか

予想

　ア．変わる
　イ．変わらない
　ウ．その他

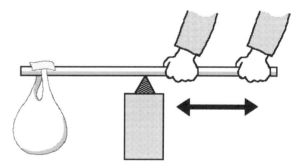

理由 _____

結果 _____

わかったこと _____

ワークシート③	月　日　天気　　　気温　　　℃
てこの規則性	年　　組　名前

めあて　「実験用てこ」できまりを調べよう

問い　左の4番の位置に1個のおもりをつるした時，右のうでのどこに何個のおもりをつるすとつり合うか？

予想

注意

今回は，右のうでのどこかひとつの位置におもりをつけることにします。

結果

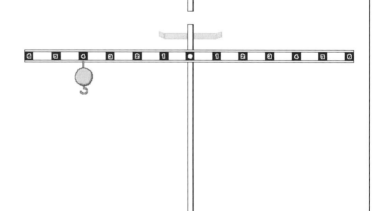

考えよう　てこがつりあう時のきまりを考えよう

てこをかたむける働きは，

_____ × _____
(　　　　　　　)　(　　　　　　　　　　)

できまる。

ワークシート④　　　　　月　　日　天気　　　　気温　　　℃

てこの規則性
年　　組　名前

めあて　つりあいを計算して確かめよう

問い　左の4番の位置に2個のおもりをつるした時，右のうでのどこに何個のおもりをつるすとつり合うか計算して考え，実際に確かめてみましょう。

予想

注意

今回は，右のうでのいくつかの位置におもりをつけてもいいことにします。

計算

感想

ワークシート⑤	月　日　天気　　　気温　　℃
てこの規則性	年　　組　名前

めあて	てこを使った道具を調べよう

活動	生活の中で「てこ」を利用している物を探しましょう。支点・力点・作用点はどこでしょうか？

わかったこと	_____

ワークシート⑥	月　　日　天気　　　　気温　　　℃
てこの規則性	年　　組　名前

めあて　輪じくについて考えよう

問い　2種類のドアノブをくらべてみましょう。ドアノブは中にある四角いじくを回して開けることができますそれぞれの「支点・力点・作用点」を探しましょう

(A)

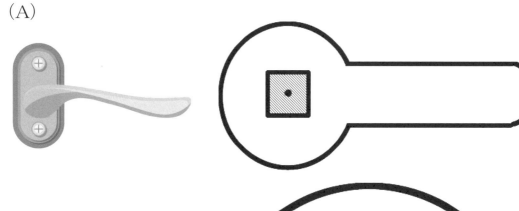

(B)

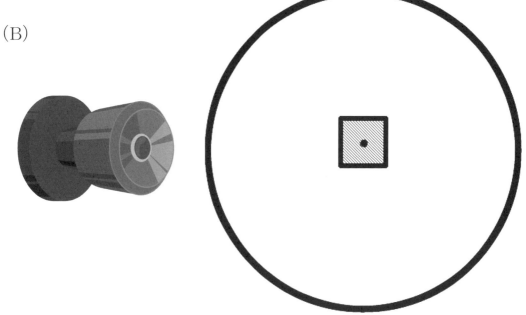

わかったこと　_____

_____

ワークシート⑦　　　　月　　日　天気　　　　気温　　　　℃

てこの規則性　　　　　　年　　組　名前

めあて　　てんびんを作って重さをはかろう

うでの長さが同じてんびんばかり

①プリンカップに糸をつけて棒の両端にぶらさげる。
②棒の真ん中に糸をつけて左右をつりあわせる。
③片方のカップに量りたい物を，もう片方のカップに重さの分かっているおもりを入れて，つりあわせる。
④おもりの数で量りたい物の重さを知る。

おもりの位置を変えて量るてんびんばかり

①プリンカップに糸をつけ重さの分かっているおもりを入れて棒の片方にぶらさげる。
②クリップに廃電池などのおもりをつけ，つりあう位置を探し印をつける。
③プリンカップのおもりの重さを変えて，つりあう位置を探し，次々に目盛りを書き入れていく。
④プリンカップに量りたい物をつるし，おもりを動かしてつり合う位置を探して，目盛りを読む。

8 水溶液の性質

水溶液の性質の学習は推理小説に似ています。登場人物（水溶液）の中で誰が犯人なのか，わずかな手がかりを元に推理します。実験するたびに一つひとつのアリバイが明らかになっていき，真犯人が絞り込まれていきます。論理的な手法によって不明な水溶液の正体が次々に明らかになっていくのは，名探偵になったようでワクワクします。子どもたちに頭脳ゲームとしての化学の楽しさを味わわせてあげてください。水溶液の学習は準備が大変だったり，薬品の扱いが危険だったりする側面もありますが，それを補って余りあるほど子どもたちは喜んでくれるはずです。

育成する資質・能力

【知識及び技能】

水溶液には，酸性，アルカリ性及び中性のものがあること，また気体が溶けているものや金属を変化させるものがあることを理解する。

【思考力，判断力，表現力等】

水溶液の性質や働きについて追究する中で，溶けているものによる性質や働きの違いについて，より妥当な考えをつくりだし，表現する。

【学びに向かう力，人間性等】

主により妥当な考えをつくりだす力や主体的に問題解決しようとする態度を育成する。

単元の構成　※丸付数字はワークシートの番号

第一次　水溶液のなかま分けをする
- 第1時　なかま分けの方法を考える…①
- 第2時　水溶液を蒸発させて調べる…②
- 第3時　水溶液から気体を取りだす…③
- 第4時　気体の正体を調べる…④
- 第5時　リトマス紙でなかま分けする…⑤

第二次　水溶液のはたらきを調べる
- 第1時　酸性やアルカリ性の水溶液のはたらきを調べる…⑥
- 第2時　スーパー液のはたらきを調べる…⑦
- 第3時　水溶液にとけた金属はどうなったか調べる…⑧

解説とワークシートの解答

第一次 第1時 ワークシート① 「なかま分けの方法を考える」

目標 水溶液を仲間分けする方法を考え，視覚・嗅覚を用いて分類する活動を通して，論理的に性質を分析する基礎的な技能を身につけることができるようにする。

準備物
- □炭酸水 □食塩水 □薄い塩酸
- □薄いアンモニア水 □石灰水
- □試験管 □試験管立て

授業の流れ

①水溶液を仲間分けする方法について考え意見を交流する。

②視覚・嗅覚を用いて水溶液を調べる。

③調べて分かったことをワークシートの表にまとめる。

指導のポイント
- 本時は，水溶液の仲間調べの導入です。
- まずは五感を使って仲間分けをします（味・触は危険なのでやりませんが…）。
- 見てすぐに分かるのは炭酸水です。泡がシュワシュワと出ています。音がするかも知れません。
- 次に臭いですが，アンモニアは強烈なにおい，薄めた塩酸はかすかな臭いがします。もちろん直接かぐのは危険なので，手で仰ぎながらかぐことを指導してください。

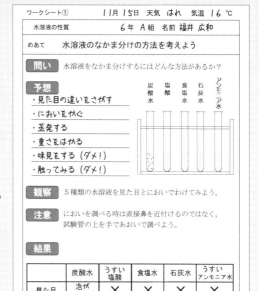

第一次 第2時 ワークシート② 「水溶液を蒸発させて調べる」

目標 水溶液を蒸発乾固する活動を通して，水溶液から固体の溶質を取り出すことができることに気付くことができるようにする。

準備物
- □炭酸水 □食塩水 □薄い塩酸 □金網
- □薄いアンモニア水 □石灰水 □試験管
- □試験管立て □保護メガネ
- □実験用ガスコンロ □蒸発皿

授業の流れ

①5種類の水溶液を蒸発皿に入れて加熱する。

②水分が蒸発した後に何か残っているか調べる。

③調べて分かったことをワークシートの表にまとめる。

指導のポイント
- 本時に用いる水溶液は1 mol/Lの薄いものです。
- 塩酸は濃塩酸を水で12倍に薄めます。（水11に対し塩酸1）
- アンモニア水は水で18倍に薄めます（水17に対しアンモニア水が1）。
- 薄め方は，いずれもまずビーカーに水を入れ，そこに試薬を少しずつガラス棒に伝わらせながら入れていきます。
- 試薬を入れた直後のビーカーは温かくなっています。

8 水溶液の性質

解説とワークシートの解答

第一次 第3時 ワークシート③ 「水溶液から気体を取りだす」

目標 炭酸水を振って気体を取り出す活動を通して，水溶液には気体が溶け込んだ物があることに気付くことができるようにする。

準備物
- □びん入り炭酸水　□集気瓶　□水槽
- □ゴム栓付きビニルホース
- □炭酸ペットボトル

授業の流れ

①蒸発させても固体のでない水溶液には何が溶けているのか推論する。

↓

②炭酸水のビンを振り水上置換で何か出てくるか確かめる。

↓

③調べて分かったことをワークシートにまとめる。

指導のポイント

- 前時では5種類の水溶液を蒸発させて食塩水と石灰水は固体が残ることを調べました。その時に何もでなかった水溶液に何が溶けているのか予想を立てて調べるのが本時の活動です。
- 塩酸・アンモニア水から気体を取り出すことは危険なので，ここでは代表して炭酸水を使って調べます。
- 炭酸水を振ると，勢いよく泡が出てきます。この泡を水上置換で集めることで水溶液に気体が溶けていたことが分かります。

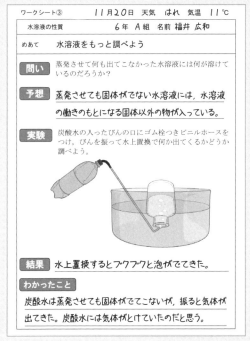

ワークシート③　11月20日　天気 はれ　気温 11℃
水溶液の性質　6年 A組 名前 福井 広和

めあて 水溶液をもっと調べよう

問い 蒸発させて何も出てこなかった水溶液には何が溶けているのだろうか？

予想 蒸発させても固体がでない水溶液には，水溶液の働きのもとになる固体以外の物が入っている。

実験 炭酸水の入ったびんの口にゴム栓つきビニルホースをつけ，びんを振って水上置換で何か出てくるかどうか調べよう。

結果 水上置換するとブクブクと泡がでてきた。

わかったこと 炭酸水は蒸発させても固体がでてこないが，振ると気体が出てきた。炭酸水には気体がとけていたのだと思う。

第一次 第4時 ワークシート④ 「気体の正体を調べる」

目標 炭酸水を振った時に出てくる気体を石灰水に通す活動を通して，二酸化炭素の気体が水に溶けることを実験で確かめるようにする。

準備物
- □びん入り炭酸水　□ビーカー　□水槽
- □ゴム栓付きビニルホース　□石灰水
- □炭酸ペットボトル　□二酸化炭素ボンベ

授業の流れ

①炭酸水から出てきた気体を石灰水に通して白濁するか調べる。

↓

②ペットボトルに水と二酸化炭素を入れて振り，ボトルがへこむか調べる。

↓

③二酸化炭素が水に溶けることを推論し，ワークシートにまとめる。

指導のポイント

- 前時では蒸発しても固体が残らない水溶液には気体が溶けていることを調べました。
- 本時は，炭酸水を振って出てきた気体を石灰水に入れると白く濁ることから気体の正体が二酸化炭素であることをつきとめます。
- 次に，炭酸型ペットボトルに二酸化炭素を水上置換で入れ，ふたをして振るとボトルがへこむことから，二酸化炭素などの気体が水に溶け込むことを確かめます。

ワークシート④　11月22日　天気 くもり　気温 9℃
水溶液の性質　6年 A組 名前 福井 広和

めあて 気体の正体を調べよう

問い 炭酸水を振って出てきた気体の正体は何なのだろうか

実験 炭酸水を振って出てきた気体を石灰水に通してみよう。

注意 炭酸水のびんの振る時は，石灰水がこぼれないようにするために，一人がびんを振り，もう一人がガラス管と石灰水入りビーカーをもつようにしましょう。

結果 炭酸水から出た気体を石灰水に通すと白くにごった。

実験 ペットボトルに水上置換で二酸化炭素を3分の2程度入れ，キャップをして振ってみましょう。

結果 パンパンだったペットボトルがペチャンコにへこんだ。

わかったこと 炭酸水を振ると二酸化炭素が出てくる。ペットボトルに二酸化炭素と水を入れて振ると二酸化炭素が水にとけてボトルがへこむ。

解説とワークシートの解答

第一次 第5時 ワークシート⑤ 「リトマス紙でなかま分けする」

目標 リトマス紙を用いて水溶液を分類する活動を通して，水溶液には酸性，中性，アルカリ性のものがあることを理解する。

準備物
- □5種類の水溶液　□リトマス紙
- □セロハンテープ　□ガラス棒
- □ピンセット　□ビーカー

授業の流れ

① リトマス紙の使い方を知る。

② リトマス紙を用いて水溶液を酸性・中性・アルカリ性に仲間分けする。

③ 実験で分かったことをワークシートにまとめる。

指導のポイント

- 本時ではリトマス紙という新しい道具を使って水溶液のなかま分けをします。
- この実験で多いのはガラス棒に前の水溶液がついたまま次の水溶液を調べる失敗です。毎回，ガラス棒を水で洗って使うことを教えます。
- 「酸性・中性・アルカリ性」という3つの性質は様々な水溶液を分類する時に有効です。漂白剤や酢，シャンプーなど，身の回りの水溶液をリトマス紙につけて調べてみるといろんな発見があります。発展課題や自由研究に最適です。

ワークシート⑤　11月24日　天気　はれ　気温　11℃

水溶液の性質　6年 A 組　名前 福井 広和

めあて　リトマス紙でなかま分けしよう

問い　水溶液をリトマス紙につけるとどうなるだろうか？

実験
①ワークシートに青と赤のリトマス紙をそれぞれテープではる。（ピンセットで持つこと）
②水溶液をガラス棒で1滴ずつリトマス紙につける。
③リトマス紙の色の変化で3つになかま分けする。

注意　1つの水溶液をつけたら，次の水溶液を調べる前にガラス棒をきれいに洗い，ふいておくこと。

結果

	青リトマス紙	赤リトマス紙
炭酸水	○	
塩酸	○	
食塩水		
石灰水		○
アンモニア水		○

わかったこと
- 青リトマス紙を赤に変化させる水溶液・・・酸性
- 赤リトマス紙を青に変化させる水溶液・・・アルカリ性
- どちらも変化させない水溶液・・・中性

第二次 第1時 ワークシート⑥ 「酸性やアルカリ性の水溶液のはたらきを調べる」

目標 酸性やアルカリ性の水溶液に鉄やアルミニウムを入れる活動を通して，水溶液には金属を変化させるものがあることをとらえられるようにする。

準備物
- □塩酸（3 mol/L）　□水酸化ナトリウム水溶液（3 mol/L）　□試験管　□試験管立て
- □アルミホイル　□スチールウール

授業の流れ

① 酸性の水溶液に鉄やアルミニウムを入れて変化を調べる。

② アルカリ性の水溶液に鉄やアルミニウムを入れて変化を調べる。

③ 酸性やアルカリ性の水溶液について分かったことをワークシートにまとめる。

指導のポイント

- 本時に用いる水溶液は3 mol/Lの濃いものです。市販の塩酸を水で4倍に薄めます。（水3に対し濃塩酸が1）水酸化ナトリウムは固体の粒です。約3 mol/Lの水酸化ナトリウム水溶液を作るには90 mLの水に水酸化ナトリウム10gを少しずつ溶かします。
- 塩酸，水酸化ナトリウム水溶液は温度が高いと激しく反応し吹き出すことがあります。液の量は試験管の4分の1位が適当です。

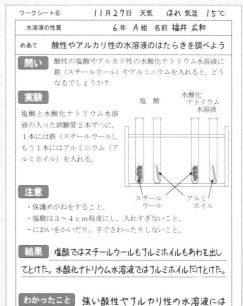

8　水溶液の性質

解説とワークシートの解答

第二次　第2時　ワークシート⑦「スーパー液のはたらきを調べる」

目標　酸性とアルカリ性の水溶液をまぜたものに鉄やアルミニウムを入れる活動を通して，水溶液の性質について推論することができるようにする。

準備物
- □スーパー液（3 mol/Lの塩酸と水酸化ナトリウム水溶液を混ぜたもの）　□試験管
- □試験管立て　□スチールウール

授業の流れ

酸性とアルカリ性の水溶液をまぜるとどうなるか予想する。

↓

酸性とアルカリ性の水溶液をまぜた水溶液に鉄やアルミニウムを入れる。

↓

③実験で分かったことをワークシートにまとめる。

指導のポイント

● 前時は，酸性とアルカリ性の水溶液のはたらきを金属をとかす実験を通して印象的に確かめました。
● 本時のスーパー液の実験は，強い酸性とアルカリ性の水溶液をまぜることで，どれほど激しいことになるかと思いきや，実際には中和して働きがなくなるという驚きをもった発展課題です。ワークシートにも書きましたが，日常生活ではまぜてはいけないことを繰り返し念をおしてください。

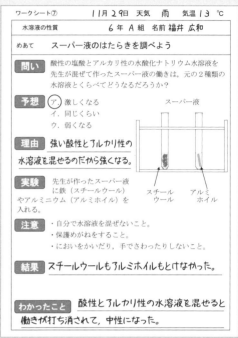

ワークシート⑦　11月29日　天気 雨　気温 13℃
水溶液の性質　　6年 A組　名前 福井 広和

めあて　スーパー液のはたらきを調べよう

問い　酸性の塩酸とアルカリ性の水酸化ナトリウム水溶液を先生が混ぜて作ったスーパー液の働きは，元の2種類の水溶液とくらべてどうなるだろうか？

予想　(ア) 激しくなる　イ. 同じくらい　ウ. 弱くなる

理由　強い酸性とアルカリ性の水溶液を混ぜるのだから強くなる。

実験　先生が作ったスーパー液に鉄（スチールウール）やアルミニウム（アルミホイル）を入れる。

注意
・自分で水溶液をまぜないこと。
・保護めがねをすること。
・においをかいだり，手でさわったりしないこと。

結果　スチールウールもアルミホイルもとけなかった。

わかったこと　酸性とアルカリ性の水溶液を混ぜると働きが打ち消されて，中性になった。

第二次　第3時　ワークシート⑧「水溶液にとけた金属はどうなったか調べる」

目標　水溶液にとけた金属を蒸発乾固する活動を通して，水溶液が金属と触れ合うと元の金属とは違う新しい物ができることがあることを確かめられるようにする。

準備物
- □実験用コンロ　□色つき蒸発皿　□金網
- □ビーカー　□スチールウールの溶けた塩酸　□磁石　□乾電池・豆電球

授業の流れ

①塩酸で溶けた鉄がどうなったか予想する。

↓

鉄を溶かした塩酸を蒸発乾固し，でてきた物が鉄かどうか調べる。

↓

実験で分かったことをワークシートにまとめる。

指導のポイント

● 本時は，水溶液に溶けた金属がどうなっているか予想し，実験で確かめます。5年生の「物の溶け方」の学習を思い出して，物は見た目が変わっても無くならないと予想したり鉄であるかどうかを磁石や電気を用いて調べたり，これまで理科で学習してきたことを活用して問題解決していきます。
● 蒸発させる水溶液は少量にし，換気に気をつけてください。電気や磁石で調べるには少なすぎるので，各班の固体を集めて，教師実験でやるといいです。

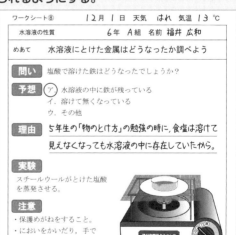

ワークシート⑧　12月1日　天気 はれ　気温 13℃
水溶液の性質　　6年 A組　名前 福井 広和

めあて　水溶液にとけた金属はどうなったか調べよう

問い　塩酸で溶けた鉄はどうなったでしょうか？

予想　(ア) 水溶液の中に鉄が残っている　イ. 溶けて無くなっている　ウ. その他

理由　5年生の「物のとけ方」の勉強の時に，食塩は溶けて見えなくなっても水溶液の中に存在していたから。

実験　スチールウールがとけた塩酸を蒸発させる。

注意
・保護めがねをすること。
・においをかいだり，手でさわったりしないこと。

結果　固体が出てきたが，スチールウールとは見た目が違う。

わかったこと　出てきた固体に磁石を近付けてもくっつかなかった。また，もう一度塩酸に入れると，泡も出ないし，少しもとけなかった。スチールウールは別の物に変わっていた。

ポイント解説

 変身ポットの不思議な手品

化学分野には,燃焼(爆発)したり,気体が発生したり,食べ物ができたり…と,化学変化の楽しい実験がたくさんあります。ここでは色が変わる反応を使った手品を紹介します。授業の合間や学級活動,クラブ活動などで演示してみせると,児童の化学に対する興味・関心を高めること,間違いなしです。

材料・道具
- プラスチックのコップ
- 茶こしのあるポット
- うがい薬(イソジンガーグル)
- カルキぬき(チオ硫酸ナトリウム)

手品の仕込み
①紅茶のペットボトルに水を入れ,うがい薬(イソジンガーグル)で着色します。
②ポットの中の茶こしに100円ショップで買ったカルキぬき(チオ硫酸ナトリウム)をティースプーン1杯分入れます。

手品のやり方
①紅茶のペットボトルからプラスチックのコップに茶色の液体を注ぎ,児童に見せ次にポットに注ぎます。
②ポットにふたをして「チチンプイプイ」と呪文を唱えます。
③再びポットからコップに注ぐと,茶色の液体が無色透明に変わっています。

発展・応用
仕込みで着色する時に,絵の具を使って汚い濁り水を作ります。ポットに入れるとうがい薬の茶色が抜けて,綺麗な絵の具の色だけになります。同じポットから青色のサイダー,黄色のレモン水,ピンクのウメジュースが現れてビックリします。

ワークシート①	月　日　天気　　　気温　　℃
水溶液の性質	年　組　名前

めあて　水溶液のなかま分けの方法を考えよう

問い　水溶液をなかま分けするにはどんな方法があるか？

予想

_____

_____

_____

_____

_____

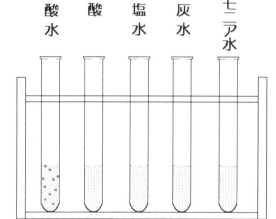

観察　5種類の水溶液を見た目とにおいでわけてみよう。

注意　においを調べる時は直接鼻を近付けるのではなく、試験管の上を手であおいで調べよう。

結果

	炭酸水	うすい塩酸	食塩水	石灰水	うすいアンモニア水
見た目					
におい					

ワークシート②　　　　月　　日　天気　　　　気温　　　℃

| 水溶液の性質 | 年　　組　名前 |

めあて　水溶液を蒸発させて調べよう

問い　水溶液を蒸発させて，何かでてくるか調べよう

実験

5種類の水溶液をそれぞれ少しずつ蒸発皿に入れて加熱し，蒸発させる。

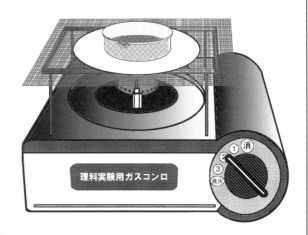

注意

・保護めがねをすること
・においを直接かがないこと
・換気をすること

結果

	炭酸水	うすい塩酸	食塩水	石灰水	うすいアンモニア水
残る物					

わかったこと

_____
_____

ワークシート③	月　日　天気　　　気温　　　℃

水溶液の性質　　　　年　組　名前

めあて　水溶液をもっと調べよう

問い　蒸発させて何も出てこなかった水溶液には何が溶けているのだろうか？

予想　_____

実験　炭酸水の入ったびんの口にゴム栓つきビニルホースをつけ，びんを振って水上置換で何か出てくるかどうか調べよう。

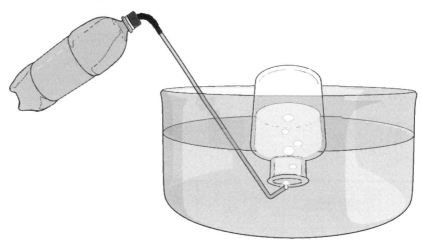

結果　_____

わかったこと

ワークシート④　　　　　　　月　　日　天気　　　　気温　　　℃

| 水溶液の性質 | 年　組　名前 |

めあて　気体の正体を調べよう

問い　炭酸水を振って出てきた気体の正体は何なのだろうか

実験　炭酸水を振って出てきた気体を石灰水に通してみよう。

注意　炭酸水のびんを振る時は、石灰水がこぼれないようにするために、一人がびんを振り、もう一人がガラス管と石灰水入りビーカーをもつようにしましょう。

結果　_____

実験　ペットボトルに水上置換で二酸化炭素を3分の2程度入れ、キャップをして振ってみましょう。

結果　_____
_____

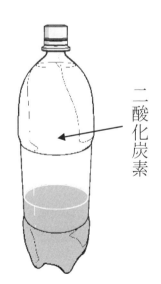

二酸化炭素

わかったこと

_____
_____

ワークシート⑤　　　　　月　　日　天気　　　　気温　　　℃

水溶液の性質　　　　　年　　組　名前

めあて　リトマス紙でなかま分けしよう

問い　水溶液をリトマス紙につけるとどうなるだろうか？

実験
①ワークシートに青と赤のリトマス紙をそれぞれテープではる。（ピンセットで持つこと）
②水溶液をガラス棒で1滴ずつリトマス紙につける。
③リトマス紙の色の変化で3つになかま分けする。

注意　1つの水溶液をつけたら，次の水溶液を調べる前にガラス棒をきれいに洗い，ふいておくこと。

結果

	青リトマス紙	赤リトマス紙
炭酸水		
塩酸		
食塩水		
石灰水		
アンモニア水		

わかったこと

・青リトマス紙を赤に変化させる水溶液・・・＿＿＿＿＿＿＿
・赤リトマス紙を青に変化させる水溶液・・・＿＿＿＿＿＿＿
・どちらも変化させない水溶液　　　・・・＿＿＿＿＿＿＿

ワークシート⑥	月　　日　天気　　　　気温　　　℃
水溶液の性質	年　　組　名前

めあて　酸性やアルカリ性の水溶液のはたらきを調べよう

問い　酸性の塩酸やアルカリ性の水酸化ナトリウム水溶液に鉄（スチールウール）やアルミニウムを入れると，どうなるでしょうか？

実験

塩酸と水酸化ナトリウム水溶液の入った試験管2本ずつに，1本には鉄（スチールウール），もう1本にはアルミニウム（アルミホイル）を入れる。

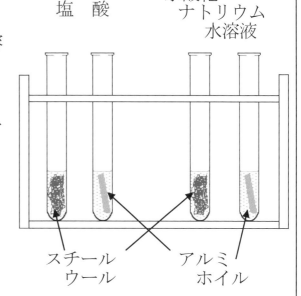

注意

・保護めがねをすること。
・塩酸は3～4cm程度にし，入れすぎないこと。
・においをかいだり，手でさわったりしないこと。

結果 _____

_____

わかったこと _____

_____

ワークシート⑦	月　日　天気　　　　気温　　　℃
水溶液の性質	年　組　名前

めあて　スーパー液のはたらきを調べよう

問い　酸性の塩酸とアルカリ性の水酸化ナトリウム水溶液を先生が混ぜて作ったスーパー液の働きは，元の２種類の水溶液とくらべてどうなるだろうか？

予想
ア．激しくなる
イ．同じくらい
ウ．弱くなる

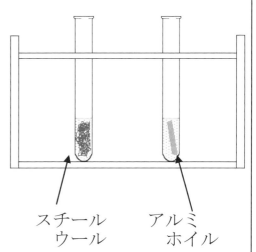

理由　_____
_____

実験　先生が作ったスーパー液に鉄（スチールウール）やアルミニウム（アルミホイル）を入れる。

注意
・自分で水溶液を混ぜないこと。
・保護めがねをすること。
・においをかいだり，手でさわったりしないこと。

結果　_____
_____

わかったこと　_____
_____

ワークシート⑧	月　日　天気　　　気温　　　℃

水溶液の性質　　　　　年　組　名前

めあて　水溶液にとけた金属はどうなったか調べよう

問い　塩酸で溶けた鉄はどうなったでしょうか？

予想
ア．水溶液の中に鉄が残っている
イ．溶けて無くなっている
ウ．その他

理由　_____
　　　　_____

実験
スチールウールがとけた塩酸を蒸発させる。

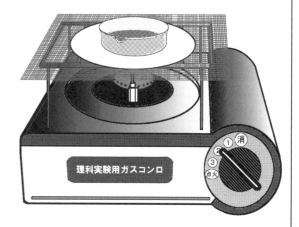

注意
・保護めがねをすること。
・においをかいだり，手でさわったりしないこと。

結果　_____

わかったこと　_____
_____
_____

9 電気の利用

電気の単元は，3年の「電気の通り道」，4年の「電気のはたらき」，5年の「電流のはたらき」，そして6年の「電気の利用」とつながります。既習の電磁石から発展したモーターは電気で動く器具です。モーターを今度は手で回すと発電できるという逆転の発想で生み出された考え方を，実験を通して確かめていきます。生み出された電気は，人力・火力・水力・原子力などのエネルギーが変換されたものであるという見方・考え方も押さえておきたいポイントです。また，初めて目にするコンデンサーや電熱器，普及してきた発光ダイオードの性質や特徴も実験でつかんでいきます。
そして，電気が光だけでなく，熱や音，物の動きに変換され，私たちの生活を豊かにしていることを再認識しながら，将来的な発展に夢と希望をもてるように導きます。

育成する資質・能力

【知識及び技能】

発電や蓄電，電気の変換について，電気の量や働きに着目して，それらを多面的に調べる活動を通して，次の事項を身に付けることができるよう指導する。

ア　次のことを理解するとともに，観察，実験などに関する技能を身に付けること。
(ア)電気は，つくりだしたり蓄えたりすることができること。
(イ)電気は，光，音，熱，運動などに変換することができること。
(ウ)身の回りには，電気の性質や働きを利用した道具があること。

【思考力，判断力，表現力等】

イ　電気の性質や働きについて追究する中で，電気の量と働きとの関係，発電や蓄電，電気の変換について，より妥当な考えをつくりだし，表現すること。

【学びに向かう力，人間性等】

児童が，電気の量や働きに着目して，それらを多面的に調べる活動を通して，発電や蓄電，電気の変換についての理解を図り，観察，実験などに関する技能を身に付けるとともに，主により妥当な考えをつくりだす力や主体的に問題解決しようとする態度を育成する。

単元の構成　※丸付数字はワークシートの番号

第一次　電気をつくる
　第1時　電気をつくる仕組み1…①
　第2時　電気をつくる仕組み2…②
　第3時　電気をつくる仕組み3…③
　第4時　手回し発電機の仕組み…④
第二次　電気を蓄える
　第1時　電池とコンデンサー…⑤
　第2時　コンデンサーの特徴…⑥
　第3時　発光ダイオードの特徴…⑦
第三次　電流による発熱
　第1時　電熱線の発熱…⑧
第四次　電気の利用
　第1時　電気を利用したもの…⑨
第五次　プログラミング学習
　第1時　プログラムの基本を学ぼう…⑩

解説とワークシートの解答

第一次 第1時 ワークシート① 「電気をつくる仕組み1」

目標 ▶ 電気をつくる仕組みを調べよう。

準備物
- □手回し発電機
- □火力,水力発電所の絵図

授業の流れ

① 手回し発電機を見て,ライトがついたりラジオが鳴ることを確認する。

↓

② 手で回してみて発電するときは手応えがあることを体験する。

↓

③ 電気は発電所でつくられることを知り,何かが回っていることを予想する。

指導のポイント

● 地震の学習で学んだライフラインの一つの電気について改めて取り上げ,ダウンしたらどう困るかを話し合わせます。電気が不可欠であることを再認識させた後,非常時に役立つ機器を紹介し,実際に発電する様子を見せます。発電所と共通の仕組みがあるだろうと考えさせます。

● ハンドルを回すと電気がつくられることは分かっても,まだその仕組みは分かりません。回し続けると疲れることを押さえておくのが大切です。

● 発電所では発電機を回すにも燃料を燃やしエネルギーを消費していることを確認し次時につなげます。

ワークシート① 1月8日 天気 曇り 気温 8℃
電気の利用　　6年 1組 名前 國眼 厚志
めあて　電気をつくる仕組みを調べよう①

問い1 防災グッズの手回し発電ラジオライトは、電池が入っていないのにラジオやライトが使えるのはなぜか

予想1 ハンドルがついていて、それを回すと電気をつくることができるから

問い2 手回し発電ラジオライトでラジオを鳴らしたり、ライトをつけるときの手の感覚はどうか

感想 ライトがついたり、ラジオが鳴るときにとても回すのが重く感じる

問い3 この場合,電気はどのようにしてつくられるのだろうか

予想2 手でハンドルを回して、そこに何か電気をつくる物がついていて、いっしょに回ってつくられる

問い4 電気はどこでどのように、どのようにしてつくられるのだろうか

予想3 発電所でつくられる。火力発電所や水力発電所,原子力発電所がある。そこでも手回し発電機と同じように何かが回っているのだと思う

第一次 第2時 ワークシート② 「電気をつくる仕組み2」

目標 ▶ モーターを使って発電できるか調べよう。

準備物
- □モーター □豆電球 □LED □角棒
- □ビニールテープ
- □発電所の発電機の構造の絵図

授業の流れ

① 5年生で学習したモーターのつくりを思い出す。

↓

② モーターを回して豆電球やLEDを点灯させる。

↓

③ モーターと発電機は同じつくりだと分かる。

指導のポイント

● 手回し発電ラジオには携帯電話に充電できる物もあります。こちらの方が実用的ですね。発電所の発電機の仕組みを提示します。巨大な固定コイルの中で巨大な磁石を回して発電していることを説明します。それを回すエネルギーが火力や原子力であることを人力発電と関連づけて実験で確かめます。

● 以前は自転車の発電機で行いましたが今はローラー発電機ではなく,ハブ発電機が主流なので子どもたちはイメージできないでしょう。

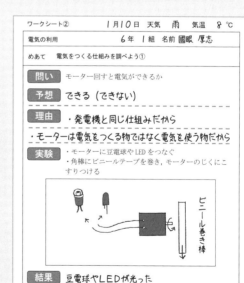

ワークシート② 1月10日 天気 雨 気温 8℃
電気の利用　　6年 1組 名前 國眼 厚志
めあて　電気をつくる仕組みを調べよう①

問い モーター回すと電気ができるか

予想 できる(できない)

理由 ・発電機と同じ仕組みだから

・モーターは電気をつくる物ではなく電気を使う物だから

実験 ・モーターに豆電球やLEDをつなぐ
・角棒にビニールテープを巻き、モーターのじくにこすりつける

結果 豆電球やLEDが光った

結果からわかること モーターを回すと電気がつくれることが分かった。発電機とモーターは同じつくりでできていることが分かった

9 電気の利用

解説とワークシートの解答

第一次 第3時 ワークシート③ 「電気をつくる仕組み3」

目標 ▶ 発電した電気がいろいろと使われていることを調べよう。

準備物
- □モーター（プロペラ付き） □豆電球
- □電子オルゴール □メトロノーム

授業の流れ

① コイルを磁石の近くで回転させると発電機になることを思い出す。

↓

② 手回し発電機に豆電球，モーター，電子オルゴールをつなぎ，点くか（動くか・鳴るか）を確認する。

↓

③ 回し方と発電の様子を話し合い，まとめる。

指導のポイント

- まず前時のモーター軸発電と5年生で学んだ風力発電を比較します。その後で手回し発電機を見せることで発電できることが無理なく理解できるでしょう。
- 豆電球，モーター，電子オルゴールにつなぐ際は，一つひとつ乾電池の場合はどうだったか想起させながら実験を進めていきます。
- モーターと電子オルゴールと手回し発電機をつなぐ際には互いの銅線の色を全員同じにします。
- メトロノームのリズムに合わせて回します。速すぎると機器が壊れます。

ワークシート③　1月12日　天気　晴れ　気温　5℃
電気の利用　6年　1組　名前　國眼　厚志

めあて 電気をつくる仕組みを調べよう③

問い 手回し発電機を回すと電気ができるか

予想 できる

理由 モーターを回すと発電するから

実験 手回し発電機に，豆電球，モーター，電子オルゴールと検流計をつなぎ，メトロノームの音に合わせて回す

結果 ・手回し発電機のハンドルを回すと電流が流れる（回しているときだけ）。
・速く回すと電流が強くなる
・反対に回すと電流が反対に流れる
・電子オルゴールは電流が反対になると鳴らない

まとめ 手回し発電機でつくった電気は音や運動になった。速く回すと強い電流になった

第一次 第4時 ワークシート④ 「手回し発電機の仕組み」

目標 ▶ 手回し発電機について調べよう。

準備物
- □手回し発電機 □豆電球
- □白熱電球 □メトロノーム

授業の流れ

① 手回し発電機のギア比を考えさせる。

↓

② 多くの豆電球をつなげたり別の手回し発電機や白熱電球につなげる実験をする。

↓

③ 手回し発電機を回し続けると，かなり強い電流が発生することが分かる。

指導のポイント

- 身近にはない手回し発電機なので時間をとって実験させたいものです。詳しい仕組みや様々な特徴について知ることができるでしょう。第1時で扱った様々な発電方法は何らかのエネルギーでタービンを回して発電していることを深く理解させたいところです。
- ハンドルを回す意味が気になる子は少ないでしょう。しかし，てこの学習で輪軸に触れているのでギア比を示すと増速するための仕組みであることが理解できるでしょう。
- 片方を10回転させるともう一方が9回転なのを見てロスについて理解させたいところです。

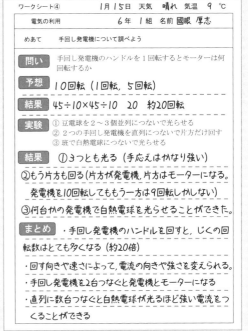

ワークシート④　1月15日　天気　晴れ　気温　9℃
電気の利用　6年　1組　名前　國眼　厚志

めあて 手回し発電機について調べよう

問い 手回し発電機のハンドルを1回転するとモーターは何回転するか

予想 10回転（1回転，5回転）

結果 45÷10×45÷10　20　約20回転

実験 ① 豆電球を2〜3個並列につないで光らせる
② 2つの手回し発電機を直列につないで片方だけ回す
③ 班で白熱電球につないで光らせる

結果 ①3つとも光る（手応えはかなり強い）
②もう片方も回る（片方が発電機，片方はモーターになる。発電機を10回転してももう一方は9回転しかしない）
③何台かの発電機で白熱電球を光らせることができた。

まとめ ・手回し発電機のハンドルを回すと，じくの回転数はとても多くなる（約20倍）
・回す向きや速さによって，電流の向きや強さを変えられる。
・手回し発電機を2台つなぐと発電機とモーターになる
・直列に数台つなぐと白熱電球が光るほど強い電流をつくることができる

解説とワークシートの解答

第二次 第1時 ワークシート⑤「電池とコンデンサー」

目標 ▶ 電気をたくわえて使おう。

準備物
- □コンデンサー
- □手回し発電機
- □豆電球

授業の流れ
① 電気をたくわえて使うものを考える。
↓
② 手回し発電機で電気をためたら使えることを実験で確かめる。
↓
③ 化学的ではなく電気的に電気をためることができる物をコンデンサーと呼ぶことを知る。

指導のポイント
- 身近にある電気をたくわえて使う器具を出し合わせます。できるだけ多くの器具を準備して，いわゆるバッテリーなどを取り外して見せます。さらに各種乾電池や充電池，コンデンサーを見せ，見た目だけではない値が卯を教えます。
- バッテリーという名称は一般的ですが，解釈に違いがあります。乾電池も含めて化学的に電気を蓄えるタイプと，コンデンサーとは別物であることを押さえます。最後にコンデンサーで蓄えた豆電球を光らせて次時につなげます。

ワークシート⑤	1月17日 天気 曇り 気温 13℃
電気の利用	6年 1組 名前 國眠 厚志

めあて 電気をたくわえて使おう

問い 電気をたくわえて使う器具にはどんなものがあるか

予想 デジタルカメラ，けい帯電話，スマートフォン，ノートパソコン，電動歯ブラシ，電気自動車

ポイント
○化学的→充電池…電気をたくわえられる。
○電気的→コンデンサー…電気をたくわえられる

実験 手回し発電機で電気をためて，豆電球を光らせよう

（同じ色の導線同士をつなぐ／コンデンサーを豆電球につなぐ）

まとめ
コンデンサーに手回し発電機で電気をたくわえて使うことができる。

第二次 第2時 ワークシート⑥「コンデンサーの特徴」

目標 ▶ コンデンサーに電気をたくわえて使おう。

準備物
- □手回し発電機 □コンデンサー
- □ストップウォッチ □メトロノーム

授業の流れ
① 手回し発電機で発電し，コンデンサーに電気をためられることを確認する。
↓
② 回す回数を変えて豆電球の点灯時間を計測する実験を行う。
↓
③ 手回し発電機のハンドルを多く回すと多くの電気がためられることが分かる。

指導のポイント
- 前時に続いて，手回し発電機のハンドルの回転数と豆電球の点灯時間との関係を追究させます。回転数と点灯時間が正比例すると予想する児童が多いでしょう。しかし，徐々に電気を蓄えにくくなるためそうはなりません。手応えが軽くなることに気づく児童もいるでしょうが，点灯時間が長くなったという程度で留めておきましょう。
- 消灯の確認は皆で頭を突き合わせて暗くし，その瞬間をとらえさせます。

ワークシート⑥	1月19日 天気 くもり 気温 13℃
電気の利用	6年 1組 名前 國眠 厚志

めあて コンデンサーに電気をたくわえて使おう

問い 手回し発電機のハンドルを回す回数を多くすると，多くの電気をたくわえられるか

予想1 できる

理由 ハンドルを回すとどんどん電気がつくられるから

実験
① 手回し発電機のハンドルを一定の速さで回し，コンデンサーに電気をたくわえる
② コンデンサーに豆電球をつないで，点灯時間を調べる

予想2 豆電球がつく。多く回すと長い時間つく

結果

回数	点灯時間
10 回	9 秒
20 回	14 秒
30 回	16 秒

10, 20, 30回転

結果からわかること
・コンデンサーには電気をたくわえるはたらきがある。
・ハンドルを多く回すと，多くの電気をたくわえることができる（明かりが点く時間が長くなる）

115

9 電気の利用

解説とワークシートの解答

第二次 第3時 ワークシート⑦「発光ダイオードの特徴」

目標 発光ダイオードを調べよう。

準備物
- □手回し発電機　□コンデンサー
- □豆電球　□発光ダイオード
- □ストップウォッチ

授業の流れ

① 今，家庭の電球や蛍光灯もLEDに変更されていることを知る。

② 手回し発電機で20回電気をためたコンデンサーでそれぞれに明かりをつける。

③ 同じ電気の量でLEDは10倍くらい長く点灯する。省エネに目を向けさせる。

指導のポイント

● LED電球はどんどん安価になり性能も高くなってきました。左記のように家庭の電球はもちろんのこと，信号機や街灯もLEDに交換されてきました。実験を通してやはりエコであることを確認し，今後もLEDへの変換が進むだろうと考えさせます。

● 授業時間内に結果を出したいので多く蓄えすぎると時間切れになります（要予備実験）。電球代と電気代を計算させ，どのくらいで元が取れるかを考えさせるとよいでしょう。

ワークシート⑦　1月22日　天気 雪　気温 5℃
電気の利用　6年 1組 名前 國眼 厚志

めあて　発光ダイオードと豆電球を比べよう

問い　発光ダイオードは省エネ（エコ）か

予想1　エコだと思う

理由
・電気代がとても安いらしい
・LED電球は10年間切れないらしい
・信号機や街灯，イルミネーションがLEDに交換されているから

実験　手回し発電機20回の電気をコンデンサーにため，その電気で豆電球と発光ダイオードを点灯させその点灯時間を比べる

予想2　LEDの方が長く点いていると思う

結果
豆電球の点灯時間　14 秒
発光ダイオードの点灯時間　2分20 秒

結果からわかること
LEDの方が省エネ（エコ）である

第三次 第1時 ワークシート⑧「電熱線の発熱」

目標 電熱線の発熱について調べよう。

準備物
- □電熱線（太）　□電熱線（細）
- □電熱器　□スチロールカッター
- □発熱器具

授業の流れ

① 電熱線が使われている電気器具を考える。

② 電熱線の太さで発熱が違うかを予想し実験する。

③ 電熱線が太いとより電流が流れ，発熱が大きいことを知る。

指導のポイント

● 電熱線を使った家電製品をいくつか見せると，他の利用物を数多く思い出します。電熱線を身近なものとしてとらえた上で，条件制御しながら，発熱と太さの関係を実験を通してつかませます。細い方が発熱しやすいという予想が多いので，そうならないよう念入りに準備します。

● 電熱線という言葉は聞き慣れないし，電熱器も今は理科室にしかありません。しかし，ドライヤーなどを見せて説明すると案外身近にあるものだと気づき，実験に対する意欲がアップします。

ワークシート⑧　1月24日　天気 晴れ　気温 3℃
電気の利用　6年 1組 名前 國眼 厚志

めあて　電熱線の発熱について調べよう

問い1　電熱線を見たことがあるか

予想1　ドライヤー，アイロン，電気ストーブ，電気ポット，オーブントースター，電気炊飯器，ホットカーペット，ホットプレート，電気あんか，発泡スチロールカッター，電気ごたつ

問い2　太電熱線と細い電熱線では，どちらがよく発熱するか

予想2　細い電熱線の方が切れやすい（スチロールカッター）

実験　太い電熱線と細い電熱線で，どちらが速く発泡ポリスチレンをきることができるかを調べる

変える条件→電熱線の太さ
同じにする条件→電熱線の長さ，電流の強さ（3V），発泡ポリスチレンの大きさ

結果　電熱線が太い方が速く切れた

結果からわかること
同じ条件では，太い電熱線の方がよく発熱する→太い方が強い電流が流れるから

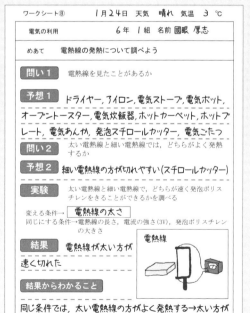

解説とワークシートの解答

第四次 第1時 ワークシート⑨「電気を利用したもの」

目標 電気を利用した物を調べよう。

準備物 □タブレットパソコンなど調べられる物

授業の流れ

① 電気を利用したものにはどのようなものがあるか考える。
↓
② 電気は光，音，熱，運動に変換されることを知る。
↓
③ 火力や水力，原子力以外で電気をどのようにつくったら良いか考える。

指導のポイント

● 単元を通して，なくてはならない電気をつくり，蓄え，使ってきました。本時は改めて電気が何に変換されて利用されているか，身の回りの物を見直して調べさせます。そして，それら事態も省エネや機能アップが図られ，便利で豊かな生活を支えていることを再認識させます。今後の電気のあり方についても考えさせたいです。
● 電気を利用した物を4つのグループに分けて調べる場合，光と音を出すテレビなどはきっちり仲間分けできません。光でも音でもOKとします。

ワークシート⑨　1月26日　天気　雪　気温　4℃
電気の利用　6年 1組 名前 國眼 厚志
めあて　電気を利用したものを調べよう

問い1　電気を利用したものにはどのようなものがあるか

まとめ
○電気を光に変かん
電球，蛍光灯，LEDライト，電気スタンド，テレビ，ゲーム機，コンピュータ
○電気を音に変かん
ラジオ，テレビ，音楽プレーヤー，けい帯電話，電話機，防犯ブザー，スマートフォン
○電気を熱に変かん
電気ストーブ，電気ポット，オーブントースター，ドライヤー，アイロン
○電気を動きに変かん
せん風機，そうじ機，洗たく機，電車，新幹線，電気自動車，ロボット

問い2　別の方法で電気は作れないだろうか

予想　太陽光，風力，波力，潮力，地熱，ビル風，床ふみ，メタンガス，自動車の発電，ゴミ発電

第五次 第1時 ワークシート⑩「プログラムの基本を学ぼう」

目標 プログラミングの基本を学ぼう。

準備物 □ノート □鉛筆

授業の流れ

① 私たちが普段何気なく行っている単純な行動を考える。
↓
② 行動は一つずつ命令されていることを理解し，課題を解く。
↓
③ 他の行動も機械に命令する場合を想定して一つずつ分けてみる。

指導のポイント

● ここで紹介した手法は「アンプラグドプログラミング」と言います。「何も機械等にはつながっていない状態でプログラムを組む」と言うことです。こうやって考えると私たち人間は一度にたくさんの行動ができることが分かります。同時にそれは一つひとつの命令に分かれていて，それをいくつも脳から命じられ，その通りに行っている優れたプログラムなのです。
● この後は実際にスクラッチ形式のプログラムを組む練習をするとよいでしょう。実際に動く車（音や光も出る）があるといいでしょう。無い場合はウェブ上で体験できる方法を考えましょう。

ワークシート⑩　1月29日　天気　晴れ　気温　7℃
電気の利用　6年 1組 名前 國眼 厚志
めあて　プログラムの基本を学ぼう

問い　「ノートの最初のページの行頭に自分の名前を書く」これをプログラミングしてみよう

プログラム①
ノートを手で取る→自分の前に置く

プログラム②
ノートの最初のページを開く

プログラム③
鉛筆を利き手で取って持つ

プログラム④
ページの行頭に鉛筆の芯を当てる

プログラム⑤
左から右向きに自分の名前を書く

まとめ　私たちが何気なく行っている動きはすべて一つずつ脳が命令して与えた動きである。これを機械にさせるには一つずつに分けて命令をしなければならない

ワークシート①	月　日　天気　　　気温　　　℃
電気の利用	年　組　名前

めあて　電気をつくる仕組みを調べよう①

問い1　防災グッズの手回し発電ラジオライトは，電池が入っていないのにラジオやライトが使えるのはなぜか

予想1

問い2　手回し発電ラジオライトでラジオを鳴らしたり，ライトをつけるときの手の感覚はどうか

感想

問い3　この場合，電気はどのようにしてつくられるのだろうか

予想2

問い4　電気はどこでどのようにどのようにしてつくられるのだろうか

予想3

ワークシート②　　　　　　月　　日　天気　　　　気温　　　℃

| 電気の利用 | 年　　組　名前 |

めあて　電気をつくる仕組みを調べよう①

問い　モーター回すと電気ができるか

予想

理由

実験
- モーターに豆電球やLEDをつなぐ
- 角棒にビニールテープを巻き，モーターのじくにこすりつける

結果

結果からわかること

ワークシート③	月　　日　天気　　　　気温　　　℃

電気の利用	年　　組　名前

めあて	電気をつくる仕組みを調べよう③

問い　手回し発電機を回すと電気ができるか

予想

- -

理由

- -

実験　手回し発電機に，豆電球，モーター。電子オルゴールと検流計をつなぎ，メトロノームの音に合わせて回す

結果

まとめ

ワークシート④	月　　日　天気　　　　気温　　　℃

電気の利用	年　　組　名前

めあて	手回し発電機について調べよう

問い　手回し発電機のハンドルを１回転するとモーターは何回転するか

予想

結果

実験
① 豆電球を２〜３個並列につないで光らせる
② ２つの手回し発電機を直列につないで片方だけ回す
③ 班で白熱電球につないで光らせる

結果

まとめ

ワークシート⑤	月　　日　天気　　　　気温　　　℃
電気の利用	年　　組　名前
めあて	電気をたくわえて使おう

問い　電気をたくわえて使う器具にはどんなものがあるか

予想

ポイント

実験　手回し発電機で電気をためて，豆電球を光らせよう

まとめ

ワークシート⑥	月　　日　天気　　　　気温　　　℃

電気の利用	年　　組　名前

めあて	コンデンサーに電気をたくわえて使おう

問い　手回し発電機のハンドルを回す回数を多くすると，多くの電気をたくわえられるか

予想1

- -

理由

実験
① 手回し発電機のハンドルを一定の速さで回し，コンデンサーに電気をたくわえる
② コンデンサーに豆電球をつないで，点灯時間を調べる

予想2

- -

結果

回数	点灯時間
回	秒
回	秒
回	秒

結果からわかること

ワークシート⑦　　　　月　　日　天気　　　　気温　　　℃

電気の利用　　　　　　　　　年　　組　名前

めあて　発光ダイオードと豆電球を比べよう

問い　　発光ダイオードは省エネ(エコ)か

予想1

理由

実験　手回し発電機20回の電気をコンデンサーにため，その電気で豆電球と発光ダイオードを点灯させその点灯時間を比べる

予想2

結果

豆電球の点灯時間

　　　　　　　秒

発光ダイオードの点灯時間

　　　　　　　秒

結果からわかること

ワークシート⑧　　　　月　　日　天気　　　　気温　　　℃

| 電気の利用 | 年　　組　名前 |

めあて　電熱線の発熱について調べよう

問い1　電熱線を見たことがあるか

予想1

問い2　太い電熱線と細い電熱線では，どちらがよく発熱するか

予想2

実験　太い電熱線と細い電熱線で，どちらが速く発泡ポリスチレンをきることができるかを調べる

変える条件→　[　　　　　　]
同じにする条件→電熱線の長さ，電流の強さ(3V)，発泡ポリスチレンの大きさ

結果

結果からわかること

ワークシート⑨	月　　日　天気　　　気温　　　℃

電気の利用	年　　組　名前

めあて	電気を利用したものを調べよう

問い１　電気を利用したものにはどのようなものがあるか

まとめ

○電気を光に変かん

○電気を音に変かん

○電気を熱に変かん

○電気を動きに変かん

問い２　別の方法で電気は作れないだろうか

予想

ワークシート⑩　　　　　月　　日　天気　　　　気温　　　℃

電気の利用　　　　　　　　　年　　組　名前

めあて　　プログラムの基本を学ぼう

問い　「ノートの最初のページの行頭に自分の名前を書く」
　　　　これをプログラミングしてみよう

プログラム①

プログラム②

プログラム③

プログラム④

プログラム⑤

まとめ

【著者紹介】

福井　広和（ふくい　ひろかず）

1962年，岡山県に生まれる。兵庫教育大学大学院修了。サイエンス・レンジャー（財団法人科学技術振興機構），その道の達人（社団法人日本理科教育振興協会）の一員として全国各地で精力的に科学教室の出前をしている。著書に『はじめてのおもしろ理科実験＆工作』，『かんたん！不思議！100円グッズ実験＆マジック』（以上主婦の友社）がある。小学校教師を29年間務め，現在，就実大学教育学部教授。〈執筆項目〉1，6，7，8

國眼　厚志（こくがん　あつし）

1963年兵庫県に生まれる。岡山大学教育学部卒業，兵庫教育大学大学院修了。中学校理科教師を14年，小学校教師を19年勤め，現在まで自然体験教室，科学実験教室，ICT利活用研究などの講師を精力的に務める。著書に『教師のためのICT活用ネタ70選』『プロジェクター活用で授業は劇的に変わる』『教師のためのラクラク便利帳92選小学校編』『壁新聞で教室が大変身！』『3倍はやくこなせて10倍うまく仕上がる！ 小学校教師の仕事術』『学級担任のための普通教室ICT活用術』『フォーマット活用で誰でもカンタン！ 学級通信ラクラク作成ガイド』（以上明治図書）がある。日本教育情報化振興会総務大臣賞受賞。現在兵庫県朝来市立竹田小学校教諭。〈執筆項目〉3，4，9
ブログ「ザッキンチョ」はこちらから→ http://blog.livedoor.jp/zakkincho/

高田　昌慶（たかた　まさよし）

1956年，兵庫県に生まれる。姫路工業大学応用化学科卒業，兵庫教育大学大学院修了。原体験教育研究会，神戸理科サークル，ゴリラボ・大塩理科研究会所属。実験開発に勤しみながら，青少年のための科学の祭典全国大会や実験実技講習会，科学実験ショー，科学教室などの講師を務める。著書に『わくわくサイエンスマジック』（共著，海竜社）がある。文部科学大臣優秀教員受賞。現在，兵庫県高砂市立北浜小学校教諭。〈執筆項目〉2，5

原体験教育研究会はこちら→ http://gentaiken.sakura.ne.jp
科学体験データベースはこちら→ http://www.jss.or.jp/fukyu/kagaku/
ゴリラボ・大塩理科研究会はこちら→ http://gorillabo.lolipop.jp/gorillabo/

〈3名による共著〉（いずれも明治図書）
『文系教師のための理科授業note 3・4年編』『同5・6年編』『文系教師のための理科授業入門＆スキルアップ集』『文系教師のためのキットでバッチリ理科授業』『ワークシートでらくらく科学クラブ Part2』『同Part3』『同Part4』『学校で学べるサバイバル術 ワークシートでらくらく科学クラブ 緊急番外編』『文系教師のための理科授業板書モデル 3年生の全授業』『同4年生』『同5年生』『同6年生』

〔本文イラスト〕木村美穂／「アレンジOK！素材集2」株式会社ジャストシステム

文系教師のための理科授業ワークシート 6年生の全授業
全単元・全時間を収録！

2019年4月初版第1刷刊　Ⓒ著　者　福井広和・國眼厚志・高田昌慶
発行者　藤　原　光　政
発行所　明治図書出版株式会社
http://www.meijitosho.co.jp
（企画）木村　悠　（校正）奥野仁美
〒114-0023　東京都北区滝野川7-46-1
振替00160-5-151318　電話03(5907)6702
ご注文窓口　電話03(5907)6668
＊検印省略　組版所　株式会社ライラック

本書の無断コピーは，著作権・出版権にふれます。ご注意ください。
教材部分は，学校の授業過程での使用に限り，複製することができます。

Printed in Japan　　ISBN978-4-18-285612-9
もれなくクーポンがもらえる！読者アンケートはこちらから→